機械工学入門シリーズ 生産管理入門

生产管理入门

原著
第4版

（日） 坂本硕也 细野泰彦 著
王明贤 李牧 译

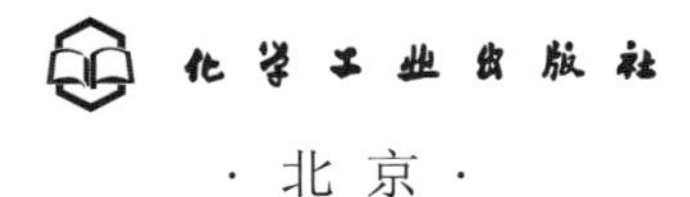

·北京·

本书对生产管理的意义、具体内容、前期准备及基本事项等进行了深入浅出的讲解，同时还介绍了与生产密切相关的信息处理及计算机基础知识。内容涵盖了生产管理工作的方方面面，具体有：生产管理、生产组织、生产的基本计划、工序管理、作业分析、物资与供应链管理、设备与工装管理、质量管理、环境与安全卫生管理、人事管理、工厂会计、信息处理、管理体系。

本书属于初级的生产管理技术类图书，适合学生及年轻的技术人员阅读。

Original Japanese Language edition
KIKAI KOGAKU NYUMON SERIES SEISAN KANRI NYUMON (DAI 4 HAN)
by Sekiya Sakamoto and Yasuhiko Hosono

Published by Ohmsha, Ltd.
Chinese translation rights in simplified characters arranged with Ohmsha, Ltd.
through Japan UNI Agency, Inc., Tokyo

本书中文简体字版由 株式会社欧姆社 授权化学工业出版社独家出版发行。

北京市版权局著作权合同登记号：01-2019-0155

图书在版编目（CIP）数据

生产管理入门/（日）坂本硕也，（日）细野泰彦著；王明贤，李牧译. —北京：化学工业出版社，2019.11（2024.3重印）
ISBN 978-7-122-35145-6

Ⅰ.①生… Ⅱ.①坂… ②细… ③王… ④李… Ⅲ.①制造工业-工业企业管理-生产管理 Ⅳ.①F407.405

中国版本图书馆CIP数据核字（2019）第192840号

责任编辑：项 潋 王 烨
责任校对：边 涛　　装帧设计：王晓宇

出版发行：化学工业出版社（北京市东城区青年湖南街13号 邮政编码100011）
印 装：北京天宇星印刷厂
710mm×1000mm 1/16 印张13½ 字数247千字 2024年3月北京第1版第3次印刷

购书咨询：010-64518888 售后服务：010-64518899
网 址：http://www.cip.com.cn
凡购买本书，如有缺损质量问题，本社销售中心负责调换。

定 价：59.00元

原著第4版前言

本书作为一本深入浅出的生产管理技术入门书，为顺应时代不断提出的管理技术的新要求，至今已经进行了数次修订。随着信息技术的快速和多样化发展，信息化和国际化成为新的挑战，对所有的生产系统都造成了巨大影响。同时，地球环境和资源的问题也进一步尖锐化，信息化社会中的新的风险防范措施已经成为一个迫在眉睫的课题。这些问题都是需要企业或者组织机构竭尽全力投入的系统性课题，不能止步于细化的专业性研究，还要考虑组织活动的整体最优化，站在俯瞰全局的角度进行研究。

基于这一观点，ISO的管理标准在2015年进行了大幅度修改。这次修改更新了受到全世界认可的质量管理标准的框架，同时对各种管理标准进行了整合，从而提出了更加简练的概念和方法。在日本，JIS标准已经采纳了这一新ISO标准，并使之与环境管理和信息安全管理等相互融合，以便适应多样化的、基于风险的重要课题的新管理系统的普及。

随着这种重要的管理新知识的增加，我们对本书的整体内容进行了再次修改，进一步充实了原书内容。其间，本书原作者之一坂本硕也先生已经过世，因此，本版的所有错误责任将由作为共同作者的本人承担。能得到读者的批评和指正将是本人的荣幸。

最后，对为了本书的全面改版而尽心尽力完成编辑工作的欧姆社书籍编辑局的各位表示深深的谢意。

献给已故的坂本硕也先生。

细野泰彦

2017年1月

原著前言

原始人类为了能够获得更丰富的生活资源（食物），使用石器、骨器以及其他简陋的工具捕获猎物，可以说这就是生产的起源。

此后，经过农耕的发明，以及青铜器与铁器等的出现，人类学会了制作和使用更加方便的工具，于是生产的物质也就越来越丰富。最初的工具都是使用者亲自制作的，之后，随着生产的活跃，开始出现了专门的行业分工，出现了专门制作工具的工匠。为了更高效率地制造更好的工具，在设备和机械等方面也进行了各种各样的创新和改进。

这样一来，人类所使用的物品逐渐复杂化、多样化，并且需求量不断增加，仅仅只靠个体手工业已无法满足需要，产生了由大量人群通力合作生产物品的需求，于是催生了工厂，诞生了企业。

现代，又称为新产业革命的时代，随着科学技术的飞速发展，不断涌现出颠覆原有常识的大量的新技术和新产品。

在这样的现代社会进行生产活动，不仅需要个人具有技能和技术，还要考虑如何利用组织来提高效率，以及如何处理组织之间的联系和信息等工作。当发生生产技术之外的各种问题时，为了合理地处理这些问题，就需要采取最新的科学的生产管理方法。

于是，现代产业技术相关人员在生产活动中必须具有广阔的视野和见识，不仅要掌握生产相关的专业技术，也要掌握生产管理方面的知识。

按照这一宗旨，本书首先阐述了生产管理的具体内容，然后说明了生产管理应该如何实施，以及实施生产管理的重要事项等内容，以期对这些相互联系的基本知识进行通俗易懂的讲解。同时，也介绍了一些在生产运行中起重要作用的信息处理和用于完成信息处理的计算机基础知识。

因此，本书是一本为刚开始从事生产的人员所编写的管理技术入门书。但是，我也希望本书能够作为踏板，不仅对学生们或者年轻的技术工作者，而且对负责一般管理工作的具体人员，也能起到理解管理技术和增加管理技能的作用。

最后，对所有的参考文献作者以及写作过程中提供协助的各位表示深深的感谢。

1989年4月
作者

目录

CONTENTS

目录

CONTENTS

目录

CONTENTS

目录

CONTENTS

目录

CONTENTS

目录

CONTENTS

目录

CONTENTS

目录

CONTENTS

第1章

生产管理

1.1 生产

1.1.1 生产的概念

人类在从事家庭生活和社会生活的过程中，以衣、食、住为首，需要消费各种各样的物品。虽然在这些物品中，有的是从自然界中直接获取、直接使用的，但是，在现代社会，绝大部分的物品是对自然物进行各种各样的加工后而达到使用目的，或者是需要通过组装生产而得到所需的物品。

像这样对自然物等施加某种手段，使其形状、性能、场所等发生变化，而创造出人类生活所需的价值与效用的行为称为**生产**。在这里，对自然物施加的某种手段是指劳动力、机械、装置、作业指示（信息）等。创造出人类生活所需的价值与效用不仅是指单纯的有用的物品的生产，为需要这些物品的人们所进行的运输、储藏、服务等活动也包含在其中。

因此，如果从一般的社会生产活动的视角将生产分类的话，生产大致可以分为物质生产与服务生产。物质生产包括农业、矿业、工业等，服务生产包括运输业、仓储业、商业等。虽然本书主要讲述的是面向工厂的物质生产，但是也同样适用于服务的生产。

1.1.2 生产率的概念

在物品的生产中需要**原材料**[1]、设备、劳动力等资源。例如，书籍的生产需要使用纸、印刷油墨等材料，需要有印刷机、装订机、工厂的场地和建筑以及人类的劳动力等。

在规定时间内，为了生产产品而使用的资源的量与其生产出产品的量的比率称为**生产率**，可用下面的式子表示。

$$\text{生产率}=\frac{\text{生产出产品的量（产出量）}}{\text{为了生产而使用的资源的量（投入量）}}=\frac{\text{输出（output）}}{\text{输入（input）}}$$

具体地说，生产率是判断为了生产所投入的各种资源有多少被有效利用的一种衡量指标。由于资源要素的不同，生产率也有若干种不同的类型。最具代表性的生产率有以下几种。

$$\text{① 原材料生产率}=\frac{\text{生产量（生产金额）}^{[2]}}{\text{原材料投入量（金额）}}$$

[1] 原材料是原料和物料的总称。在生产过程中，将形状和质量变化大的称为原料，变化小的称为物料。例如，木材在建筑业中称为物料，但纸和纸浆就是原料。

[2] 生产量的单位除了用一定期间内的生产金额表示外，还可以用生产数量、生产质量（kg、t）等表示。

② 设备生产率 $= \dfrac{\text{生产量（生产金额）}}{\text{设备量（机械台数）}}\left[\text{或者}\dfrac{\text{（生产金额）}}{\text{（机械运行时间）}}\right]$

③ 劳动生产率 $= \dfrac{\text{生产量（生产金额）}}{\text{劳动力数量（员工数）}}$

④ 附加价值生产率 $= \dfrac{\text{附加价值}}{\text{营业额}}$

1.2 企业与工厂

1.2.1 企业的概念

企业是指持续地进行生产、销售、服务等经营活动的组织。一般以营利为目的，或者是以公共服务为重点。由于企业的构成离不开资金（money）、物质（material）、人（man）三个要素，所以从这一点出发，企业用其构成三要素的英文首写字母来表示的话，又可称为3M。

1.2.2 工厂的概念

在企业里设置并使用机器与设备，以便于持续地进行物品的生产与加工的场所，称为**工厂**。具体地说，工厂是土地、设施、设备、原材料、劳动力、技术、经营、管理、资本等与生产相关的各种要素以及人员所进行的各种活动的场所。

工厂生产活动的目标是持续地以最少的原材料和劳动力，生产出具有最大价值的产品。

1.2.3 工厂的类型

伴随着科学技术的发展，工业产品的种类变得越来越多。于是，生产这些产品的工厂也被划分为很多种类型。按照常用的划分方法进行分类，有以下几种类型。

（1）按照产品的类别划分的分类

按照产品的类别划分的分类有金属工厂、机械工厂、纺织工厂、药品工厂、食品工厂、木制品工厂、塑料工厂等。

（2）按照原材料的类别划分的分类

按照原材料的类别划分的分类有农产品加工厂、牧畜产品加工厂、水产品加工厂、金属加工厂、木材加工厂等。

（3）按照生产方法的类别划分的分类

① 机械加工工厂　机械加工工厂是指使用车床、铣床、CNC（计算机数字控制）机床、多工序自动数字控制机床加工中心等机械，以机械加工为主的，对金属或合成树脂等材料进行加工生产而形成的部件（零件）的生产工厂。最具代表性的有以往的机械工厂、**FMS**（flexible manufacturing system，柔性生产系统，即通过计算机对所有的生产设备进行系统性控制和管理，使混合生产、生产内容变更等成为可能的生产系统）工厂等。在机械加工工厂生产的部件（零件），不仅可以成为提供给下游组装工厂使用的部件（零件），还有可直接在市场销售的产品。

② 产品组装工厂　产品组装工厂是指将两个以上的部件（零件），通过用螺钉固定、黏合、焊接、压入、缝制、销钉固定等方法进行连接的工厂。最具代表性的产品组装工厂有汽车组装工厂、家电产品组装工厂、圆珠笔的组装生产线等。在产品组装工厂中，除了有作业人员和机器人的组装生产线外，还使用了专业的自动组装机。

③ 流程工业工厂　流程工业工厂是以气体、液体或粉粒体等流体作为原料，这些原料在设备内连续流动中，发生物理变化或化学变化而形成产品。流程工业工厂的代表有化学、石油、食品、气体、药品、制铁等各种类型的工厂。

（4）按照工厂的规模划分的分类

按照工厂的规模划分的分类有大型工厂（员工数300名以上，出资额3亿日元以上）、中型工厂（员工数300名以下）、小型工厂（员工数50名以下）。

（5）按照技术的发展划分的分类

随着生产系统的进步，出现了各种类型的工厂，如由专业技术者操作的通用机械的工厂；引入了在通用机械基础上增加数字控制或计算机控制功能，以便于进行自动化操作的NC（数控）机械、加工中心（MC）和机器人的工厂；通过将NC（数控）机械、加工中心（MC）和机器人与自动运输机组合而形成完整系统的**FMS**工厂；甚至还有综合自动化的**FA**（factory automation，工厂自动化）工厂，综合自动化的**FA**工厂是在工厂中，采用计算机以及信息处理系统，将构成生产要素的生产设备（与制造、运输、保管等有关的设备）和生产过程（含生产计划和生产管理）统一管理，从而实现整个生产过程的自动化；以及**CIMS**（computer integrated manufacturing system，计算机集成制造系统），即通过计算机网络和数据库对所有与生产有关的信息进行系统控制和管理，从而实现生产活动的最优化的生产系统。

1.3 经营与管理

1.3.1 经营的概念

经营与管理两个概念在企业初期是等同使用的，但随着企业规模的发展壮大而逐渐区别开来。**经营**是指企业在谋划运营时，所决定的基本方针，是指导与制约企业整体行为的总则。

1.3.2 管理的概念

管理活动或者管理技巧的基本思路是：首先要确定计划，并忠实地执行这个计划，然后正确地把握这个计划的实施结果，并基于结果进行适当处理，最后形成的这一系列活动的成果，将其作为进行下一次计划活动的良好基础。这个基本思路可用图1.1所示的PDCA管理循环表示出来。PDCA管理循环包括计划（plan）、实施（do）、检查（check）、处理（act）四个阶段。

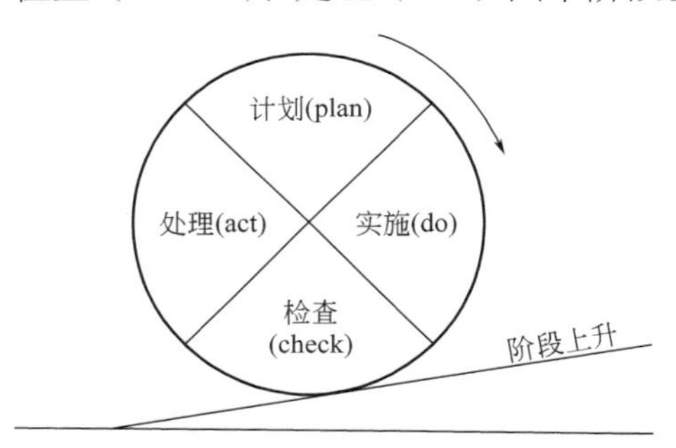

图1.1 PDCA管理循环

随着PDCA管理循环的不断重复运转，计划得以改善，其他工作也得以整顿，生产率和管理水平逐渐得以提升。

PDCA管理循环分析见表1.1。

表1.1 PDCA管理循环分析

计划	方针	高层管理人员预测企业内外的形势、分析经营的项目、明确企业生存与发展的数据，从而确定经营方针
	目的	基于经营方针，确定各自的业务以及各部门的管理目的
	目标和方法	将管理目的具体化，设定目标项目、目标值、完成日期，进一步制定完成目标的措施
实施	教育培训	按照制定的完成目标的措施对员工进行充分的教育、培训，使其能够清楚地知道所要确实达到的预期结果

续表

实施	鼓舞士气	面对集团的目标要统一集团成员的认识，巩固集团的团结，激发出努力完成目标的士气
	传达命令	要明确传达命令的方式、时期、形式、实施后的报告方法，通过书面或者口头确实地进行传达并执行
检查	测定	基于事实的测定业务或项目的实施结果是否达到了目的，确定各个项目目标的完成程度或完成的日期
	评价	将实施后的测定结果与计划阶段制定的目标值进行比较，定量地或定性地表示存在的差异，并对实施状况进行评价
	调查原因	如得到的结果不符合预期，调查在哪个地方出现了异常或问题，寻找出问题产生的原因并确认要因
处理	控制	当对目标与实际的差异进行评价的结果显示出有必要进行纠正时，要采取纠正措施
	防止再发生	对于在检查阶段发现的要因，要进行改进，保证其不再发生
	展开	有效地进行一系列的PDCA管理循环的实绩与经验，在今后的管理或其他的管理活动中，是可以水平展开或纵向展开的

1.3.3 报告制度

报告原本的含义是：针对上级对下级部署命令或指示后，下级对于活动状况和结果等向上级进行的反映汇报。在现在的经营管理中，则作为收集信息活动的积极手段而被有效应用。

在企业内部管理中，引入实施这个报告而形成的组织化的制度称为**报告制度**。

按照时间对这个制度进行分类的话，可分为日、周、月，又或者每年定期重复进行的报告称为定期报告，不是定期重复的报告称为特殊报告。

报告又可分为口头报告和书面报告，报告制度中除了常用的文书报告外，也有使用图表、图形等形式的报告书。

为了有效地应用报告制度，有必要设定报告书的管理规定和管理程序、方法等。另外，决定报告书的形式和内容时，需要注意以下几点。

① 尽可能以一定的形式形成标准化，能够正确、迅速地进行报告。

② 报告内容要以重要事项为中心，要包含最简明扼要的信息。

③ 充分考虑到报告用途，形成简洁易懂、便于使用的报告。

④ 使用现状与标准进行对比的报告，可以迅速知道业绩的好坏。

⑤ 针对下层的管理报告最好短小精干。

1.4 经营与管理的历史

1.4.1 科学管理方法的诞生

早期工厂的规模较小、组织结构简单，所以大多数的生产依靠熟练的劳动者，经营与管理方面没有得到发展。

随着工业化的发展，工厂规模变大，组织结构也越来越复杂，经营者不再能够进行全面的管理和监督。于是，经营者为了提高效率，采用了计件薪酬支付的工资制度（根据产品单价 × 完成个数支付工资的制度）。

但是，当劳动者竭尽所能地投入工作，由于效率上升而使应得薪酬大幅增长后，经营者却采取了降低计件薪酬支付中的产品单价的做法，于是，劳动者进行了有组织的罢工（抵制）。

为了解决这个恶性循环，美国的泰勒（F. W. Taylor，1856—1915）提出，经营者降低产品单价的原因，在于没有明确劳动者在通常的努力下的合理日工作量标准，因此要对劳动者的作业时间进行测定，制定准确公正的日作量（作业）标准。

这个以作业为中心制定工厂的生产计划而进行的管理方法称为**科学管理理论**。

从这个科学管理理论的视角出发，工业的生产活动作为企业存在的基础，不仅需要生产技术，还需要生产管理方法的技术。以这个想法为基础形成的学科就是**工业管理学**，又称为**工业工程**（industrial engineering，IE❶）。

此后，科学管理理论与1913年由福特（H. Ford）为了汽车的组装作业而开发的用传送带制成流水装配线的作业方式（福特制）一起，普及世界各国。

另外，1924年休哈特（W. A. Shewhart）开始尝试将统计学应用于质量管理之中。

1.4.2 人际关系的重要性

科学管理理论以及福特制在1914 ～ 1918年，被各国所采用，其对生产力的提高产生了巨大的影响。

但是，这种将员工作为机械的一部分来对待，通过给予奖励薪酬的激励，进

---

❶ IE是指为了提高生产效率，对劳动力、物料、设备等与生产有关的方式、方法和步骤进行合理改善的管理技术。为了实现这个技术，需要预先对所得结果进行推测、评价，其方法涉及工学的分析、设计原理与技术，以及数学、自然科学、社会科学等专业知识和技术。也就是说，IE具有经营工学、生产技术等含义，又包含从企业经营中排除无理、无用、无稳的“3无”，从而进行生产改善，目标直指生产率提高的活动。

而提高生产力的方法，因为过于忽视了人性方面而受到批判，其结果是加大了劳动者与资本家之间的纠纷。

于是，在第一次世界大战后，重视员工的人际关系的做法就应运而生，出现了以劳动科学为基础进行作业管理的方法。恰好这时，在美国进行了**霍桑实验**[1]。以此实验为契机，使得心理学、行为科学、人类工学等学科的研究得以发展，并被广泛地应用到工厂的管理中。

1.4.3 科学管理的发展

在第二次世界大战（1939 ~ 1945年）中以及之后的IE（工业工程），主要以美国为中心发展起来，人们对各种管理技术进行研究并将其实用化。

也就是说，随着企业规模变大、组织化程度提高，IE的内容不再仅仅是关注各生产现场的效率提升，而是更进一步地发展成为通过对企业整体进行综合性调整来实现效率化的管理方式。这样一来，在企业的经营与管理中开始采用分析、实验、设计等工学方法，IE技术的普及也涉及社会或经济活动领域。

以泰勒的科学管理理论运动为出发点的IE，起初主要是以时间研究或动作研究为中心而进行的活动，但在这之后，引入了质量管理（QC）、企业内部培训/督导人员训练（TWI）、预定动作时间标准（PTS）法、运筹学（OR）、系统工程（SE）、人机工程学等，在计算机的普及下使得其方法或技术得到了迅速发展。

① 运筹学（operational research，OR） 在经营与管理领域中，对复杂的问题寻求最优解的方法。运筹学是近代数学的应用，包括库存管理、线性规划（LP）、PERT、排队论、博弈论等，计算机的应用对运筹学算法影响巨大。

② 系统工程（systems engineering，SE） 为了实现特定的目的，按照作业关系的相互联系来配置产品、机器和设备，以及相关的人员、技术、信息等要素的集合称为系统。系统工程是指对构成系统的各要素进行分析与研究，从而设计出最佳系统，并对其进行管理的学科。计算机就是最典型的系统，利用计算机可实现生产管理、库存管理、事务管理等。

③ 人机工程学（human engineering） 人机工程学是根据人类本来具有的身体上的、精神上的各种特性和能力，来实现对人工操控的机器或装置等的优化设计，通过作业方式或环境设定等进行安全准确的操作，并且使人的能力获得最佳结果的研究活动。

---

[1] 霍桑实验是指在美国西方电气公司（Western Electric Co.）的霍桑工厂，由哈佛大学的梅奥（G.E. Mayo）教授主持，从1927 ~ 1932年进行的实验。该实验通过改变工作环境或作业条件等各种条件来研究作业人员的工作状态。通过实验研究人员发现，影响工作效率的因素不仅仅是工资、劳动时间、工作环境等外在的物质条件，更为重要的是作业人员的情感、动机、满足感等。而这些决定个人行为的心理要因主要取决于人与人的沟通或者小团体间的人际关系。

1.5 生产管理

1.5.1 生产管理的概念

生产管理是指为了在必要的时间内，在计划成本的范围内，按照必要的数量，生产出符合需求的质量优良的产品，所进行的从对生产基本要素 [5M，即人（man）、机械（machine）、材料（material）、方法（method）、资金（money）] 进行有效利用，到对企业的生产活动进行整体控制，从而高效地发挥生产力作用的各种活动。**生产管理**的内容如下。

① 工序管理　致力于确定产品的生产量和发货日期。

② 质量管理　致力于质量的提高和质量的稳定性。

③ 成本管理　致力于降低成本，并通过与标准成本的比较来改善作业。

④ 劳务管理　致力于劳动条件的整改，从而提高作业人员的工作积极性。

⑤ 设备管理与工具管理　致力于通过调整设备和工具的需求量，追求有效利用率的提高。

⑥ 资材管理、采购管理、外协管理、搬运管理、仓库管理　致力于资材的获取、供给的合理化。

⑦ 环境管理　致力于作业人员的健康保护和生活环境的安全。

除了上述内容之外，还有关于作业方法的作业管理，在使用热量或电力的场所，还有热量管理、电力管理等。

1.5.2 生产管理的要点

生产管理的要点可总结为“5W1H”。

① 在何处（where）　在什么地方开展作业为好（场所、位置）。

② 干什么（what）　生产什么（材料、产品）。

③ 何时（when）　什么时间开始作业（时间、期间）。

④ 谁（who）　由哪些人来工作（操作者、设备）。

⑤ 为什么（why）　为什么要进行这个生产（生产方针）。

⑥ 如何（how）　采取什么方法来完成这个生产（操作方法、生产方式）。

通过冷静思考这些问题的答案，就能够探讨出生产中出现的问题点或需要改进的地方，从而实现对问题的全面排查。另外，在现今的生产管理中，除了采用上述要点外又新增加了一个“h”（how much，生产量），这种“5W2H”方法的使用情况明显增加。

1.5.3 生产管理的合理化

（1）少品种大批量生产的情况

各种生产合理化的基本方法如下。

① 标准化　标准化是指以提高原材料、产品、设备等利用率为目的而制定最优化标准，通过标准的制定、发布和实施来统一组织内的各项活动。

与生产相关的标准，可分为以下几种类型。

a. 与原材料、产品、设备、工具的形状、结构、尺寸等相关的标准。

b. 与作业、事务处理、检查等方法相关的标准。

c. 与一定期间内的生产量、原材料、消耗品的使用量、生产成本等完成目标相关的标准。

标准化是为了将事务和工作简单化，并圆满地完成其过程，便于计划和控制，使其在大量生产、降低成本、提高质量、减少库存、确保交货期、现场的改进、设备的维护、事务的合理化等活动中发挥作用的活动。

在企业内进行标准化称为**企业标准化**，人们根据企业的要求制定各种标准。还有，作为广泛应用的国家标准，日本制定了**日本工业标准**（japanese industrial standards，**JIS**），是为了工矿企业产品在日本全国内的统一要求而制定的标准。JIS作为国家标准，在生产上、使用上、交易上都充分发挥了作用。

② 3S　将标准化的思维方法进一步扩展，在标准化（standardization）的基础上，又增加了简单化（simplification）和专业化（specialization），即为**3S**。

a. 简单化　关于生产的简单化是指对材料、部件、产品等种类，从类型、形状、机构、大小等角度进行筛选，剔除其中需求少的、不需要的、不重要的环节，并尽可能减少其品种。

b. 专业化　在生产管理中，专业化是指通过限定产品的品种，设置专用的机械设备，并采用特定的方式进行生产活动。

3S在通过减少产品、作业、销路等的类别，使其在效率或质量方面具有特色的大量生产行业中的应用，取得了良好的效果。

③ 5S　5S指整理、整顿、清扫、清洁、素养。现在，5S已经成为行动科学的原点，并成为人们创造良好生产环境的行动方针，具有提高设备、机械、工装等的有效使用，改进（完善）标准等优点。

（2）多品种小批量生产的情况

随着时代的变迁，人们对于产品品种的需求不断增加，多样化问题应运而生。多样化具体可归纳为“3S4F”。

① 系统化（systematization）　利用计算机的有效应用，来应对产品结构的

复杂化。

② 软件化（softwarization） 利用新的领域方法或思维方法等，提高无形技术或知识的比例。

③ 专业化（specialization） 应对不同的需求。

④ 时尚化（fashionization） 及时响应潮流，尽快转变。

⑤ 反馈化（feedback） 确认原先的结果是否符合计划，尽快采取下一步措施。

⑥ 弹性化（flexibilization） 面对环境或条件的变化所具有的适应性。

⑦ 精细（精密）化（finization） 面对小型化的同时所具有的高精度。

下述几种生产方式基本实现了“3S4F”，而伴随着信息技术的飞跃性进步，未来将会出现更多种类的成批生产体系。

① 成组技术（group technology，GT） 成组技术又可称为相似性部件加工方法，是把形状、尺寸、工艺相近似的众多部件组成一个零件组，按组制定工艺进行加工的方法。成组技术高效地利用了加工机械、工装、生产计划资料等的共性，减少了作业或准备所需要的时间和费用，因生产期间的缩短而节约了管理费用，更进一步，因分类代码（记号）化获得了利用计算机进行高速处理等效果。

② 物料需求计划（material requirements planning，MRP） 物料需求计划是指通过使用计算机来计算和确定物料需求的数量和时间的方法。

③ 准时制生产（just in time，JIT） 准时制生产是指在生产现场，在5S活动中，推广改进意识，做到“在必要的时间，生产必要数量的必要产品”。其要义在于“彻底地消除浪费”。“**看板管理**”就是一个应用例子。看板管理方法需要从最后一道工序通过信息流依次向前一道工序传递生产指示，这种上下工序间传递生产指示的载体就称为“看板”，“看板”中依次传递了所需要的交货量、搬运、相关生产信息。这个方法可以缩短生产周期、节约管理费用、自动防止生产过量而减少库存，但看板管理的前提条件是需求变动不能过大。

④ 在线生产管理（on-line production management） 在线生产管理是指利用设置在管理室的起中心作用的大型计算机（主计算机），通过通信线路直接与各生产现场的作业用计算机连接，在管理室就可以掌握生产现场的实时生产状态，对多变的信息迅速地进行相应的处理，给出生产指示。

⑤ 柔性制造系统（FMS） 柔性制造系统是指装备了自动化的生产设备以及搬运设备，由计算机来进行总体控制，能够实现多种多样生产的系统。柔性制造系统也包含在以无人化为目标的**计算机集成制造系统**（CIMS）之中。

第2章

生产组织

2.1 企业的组织

2.1.1 组织的概念

组织是指为了最有效地实现一定的目标，明确了地位与作用以及各自责任的人群协同活动的集合体。

每个人在企业组织中的地位或岗位称为**职位**，因基于职位而承担的工作或任务称为**职务**，因其职位而承担的责任称为**职责**。

在企业规模较小时，企业的运营可以企业主为中心直接进行，但随着企业规模的变大，其运营内容也变得复杂后，全部由企业主来进行企业的运营变得困难起来，于是，就需要进行组织设计，并对其中的职位赋予必要的责任与权限。

进而，当企业规模变得更加庞大后，组织结构也越来越复杂，仅仅依靠人类的经验、直觉和能力已不能满足需要，于是，企业在采用事业部制的同时，还利用计算机的能力来进行所需要信息的收集与判断工作。

2.1.2 组织原则

组织原则是指为了构建有效的、适当的组织结构，使其得到合理运用，所应该遵循的适用原则。

（1）统一指挥

指挥是从承担最高权力的高层管理者到普通员工，上下级之间形成的一条清晰的链条。在同一事务中，原则上不能有两名以上的指挥者来指挥同一名作业人员。

（2）分工与协作

分工是指将复杂的工作分配到从上到下各个管理层级的活动。因分工到各个层级的活动而编制成的部门、科室、组是纵向的管理体系，为了统筹组织整体，这些纵向的管理体系有必要和相关的横向部门形成业务上的协作。

（3）职责与权限

对于各个职位，要明确其职务内容，要承担其职务内容对应的**职责**，要授予其履行职务行为的必要的**权限**。

只有明确了职责与权限，才能消除权限争斗所带来的混乱。为了完成职责，上下级关系中，也需要明确各自的职责和权限。拥有权限的人还要承担与这个权限相对应的沟通责任。

（4）授权

随着组织规模的变大，当上位者的工作量加大时，上位者尽可能将日常重复进行的工作标准化，并将这些工作权限托付给下位者来行使，这样上位者就可以集中精力进行新的计划或其他的工作。这时，即使上位者将权限下放给下位者，上位者仍然具有监督责任和主体责任。

（5）调整的责任

对于所进行的权限委托，权限委托的发生使受到委托的各作业人员的相互关系变得复杂，有时会引发利害冲突。这时，进行委托的上位者有调整各作业人员职务的责任，这个调整的权力不能委托给下位者。

（6）管理幅度

管理幅度是指一个管理者能够有效地管理与监督的下属人员的数量。管理者的管理幅度受到担任专业职务的时间、所在部门下属的素质等各种因素的影响。因此，管理者直接监督的下属人员的数量必须在管理幅度值之内。一般来说，管理者的管理幅度介于3 ~ 12之间。

2.2 工厂的管理组织

工厂的管理组织根据工厂的种类、规模的大小、作业条件等不同，其结构各有不同。对于组织的结构而言，其重点在于是否遵循了组织原则。在列举组织结构种类之前，我们先对直线与参谋问题进行说明。

2.2.1 直线与参谋

直线与参谋这两个词语，在组织中具有以下含义。

直线（line）是指采购、生产、搬运、销售等过程中形成的与产品有直线关系的企业的基础部门。作为企业的重要部门，它是具有一定责任与权限的一线部门。

参谋（staff）是指为了使经营者和直线主管部门的人员进行有效工作，而向其提供建议、劝告、方案等援助的人或者部门。当企业组织变大后，伴随着经营活动的复杂化而产生的经理、监察、技术、计划、调查等部门，就是具有参谋职权的部门。

2.2.2 直线型组织（直系组织）

如图2.1所示，按照厂长、主管、作业人员等顺序，搭建从上到下的指挥与权限的架构，形成类似于一条直线结合在一起的形态组织，称为**直线型组织**（line organization）。直线型组织与直系组织或军队的组织编制相似，因此又称为军队组织形式。

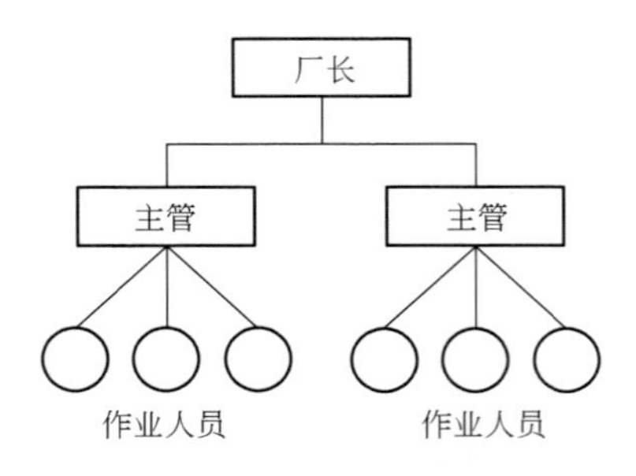

图2.1 直线型组织结构

直线型组织结构的优点与缺点如下。

（1）优点

① 因为上下级关系简明清晰，所以决策与执行工作有较高的效率。

② 因为上下级的权责关系是直线型，比较容易进行工作的调整。

③ 可以保证教育与培训的准确性，可以持续地保持工作岗位的纪律。

（2）缺点

① 与横向相关部门之间的联系与协调性较差，权力比较集中。

② 企业规模越大，工作就越复杂，上级领导要承担工作计划与指挥等全部工作，领导负担比较重。

③ 随着技术的高度化、复杂化，监督者除了管理能力之外，还需要具有专业知识，这种全能型的监督者的培养是很困难的。

因为具有以上特征，所以直线型组织适用于规模特别小的企业或者与其他组织合并的情况。

2.2.3 职能型组织

职能型组织（functional organization）是指克服了直线型组织要求最高管理者必须是全能型的缺点，按照管理的职能对各级管理机构进行专业化的分工，并配置具有各个专业知识或经验的职能部门的领导，由他们指挥与监督员工工作的组织结构，又可称为**法约尔组织**、**功能型组织**。

这个组织结构就是美国的泰勒为了适应企业的扩大化、复杂化而提出的。图2.2展示了功能型组织结构，组织中的每个员工都可以同时接受多个不同职能部门领导的指导与监督。

职能型组织结构所具有的优点与缺点如下。

（1）优点

① 有利于提高员工的专业技能。

② 减轻了主管的负担，并能够发挥职能机构的专业管理作用。

③ 因为实行了职能分工，分化了上级领导所承担的职责、权限，对管理者

的培养变得容易了。

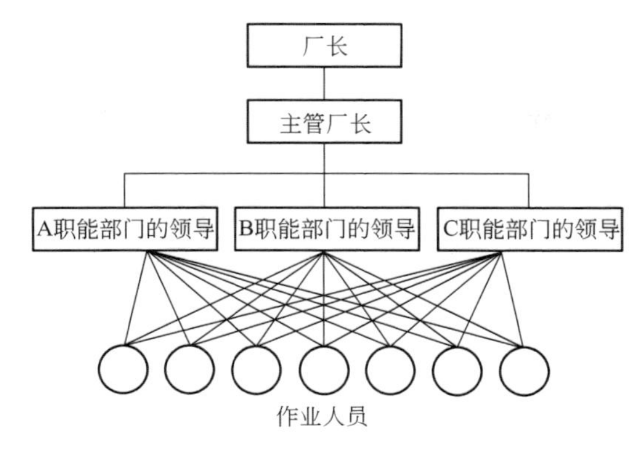

图2.2 职能型组织结构

（2）缺点

① 因为每个员工要同时接受多个职能主管的指导与监督，妨碍了统一指挥，容易造成管理混乱。

② 如果不能明确地界定各职能主管的职责与权限，会因为职责与权限的重叠或缺失，在职能主管之间造成争权夺势、推卸责任等现象。

③ 职能部门的主管不在时，很难出现临时代替行使职责者。

职能型组织结构的致命缺点是：一名工人由数名职能部门主管来进行指导与监督，这是违反组织原则的。现今，直接采取这个职能型组织结构的情况已不存在，但是这种组织结构可以与其他管理组织结构融合，变形成为图2.3所示的直线-职能型组织结构。

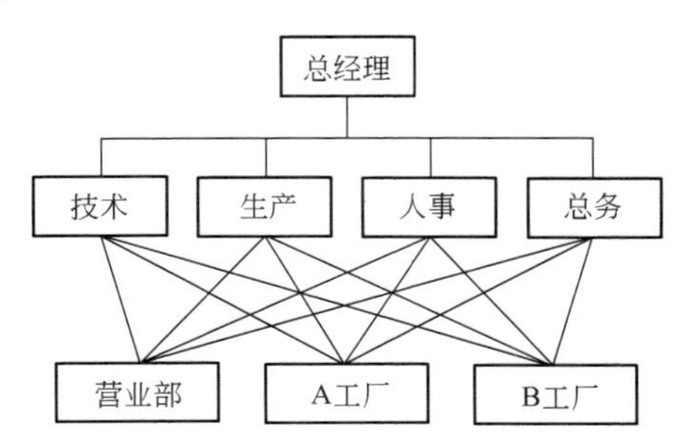

图2.3 直线-职能型组织结构

2.2.4 直线-参谋型组织

在之前讲述的直线型组织的基础上，让职能制组织中的专业主管作为参谋来协作工作的组织结构称为**直线-参谋型组织**（line staff organization）。

直线型组织通过统一的指挥与命令来实现组织的规整和稳定，参谋则负责在计划、研究、调差、调整等专业性技术信息方面提供帮助。直线–参谋型组织就是既发挥直线型组织的优点，又通过采用参谋而克服了其所有缺点的管理组织结构。

也就是说，这种管理组织结构有效地实现了命令的统一和授权等组织原则的结合。现在，多数企业都采用这种结构。

图2.4展示了直线–参谋型组织结构。直线–参谋型组织结构的优点与缺点如下。

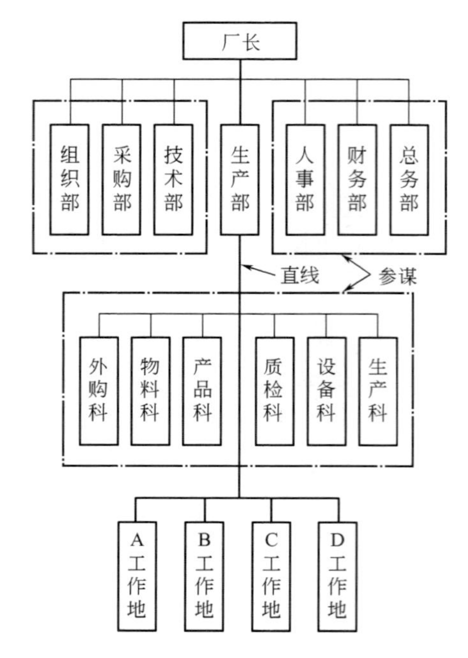

图2.4　直线–参谋型组织结构

（1）优点

① 可以大幅度地利用成熟的专家知识。

② 直线负责人可以专注于管理业务。

③ 不会分散职责和权限，能够形成专业化的组织。

④ 保持企业稳定，有助于效益提升。

（2）缺点

① 如果参谋的职务和责任的界定不够明确，会与直线部门产生摩擦而引发混乱。

② 如果直线员工缺乏理解参谋建议的能力，则会使直线主管和参谋人员之间产生摩擦，并误导操作者。

③ 当参谋的调查、研究不够全面或者缺乏执行其职务的权限时，就无法充

分发挥其专业效果。

2.2.5 事业部制组织

在大企业中，对两种以上的不同的产品进行大量生产时，按照各自的产品类型构建各自的事业部，授予其从生产到销售的管理职责与权限，并形成独立部门的组织结构称为**事业部制组织**。

事业部制组织除了按产品进行划分之外，也可以按地域、市场的不同来划分，事业部各自以降低成本、提高销售额为目的制定生产计划，并自负盈亏。

事业部制组织结构的优点与缺点如下。

（1）优点

① 因为权限委托给了下属，有利于缩短解决和处理问题的时间，并能够快速和敏捷地应对各种变化。

② 通过提高各事业部主管的经营与管理意识，有助于增强其责任感。

③ 有利于减轻经营管理整个组织的高层管理者承担的日常事务，并有利于全面管理人才的培养。

（2）缺点

① 事业部独立性过强会导致竞争加剧，从而使公司整体不够协调。

② 若是没有有效的全面管理人才的培育支持体系，不事先培养事业部长，则会造成人才短缺，有碍公司运营。

③ 由于各事业部利益的独立性，考虑问题时容易忽视企业整体利益。

2.2.6 小团队组织

企业因组织的扩大而变得复杂后，使得各部门之间的连带感和责任感变得淡薄，进而出现因意见或解释不充分或联络不到位而发生摩擦、个人的创造意欲降低等现象。面对这些现象，可以通过设立**小团队组织**，来提高部门间的协调和活力。

（1）委员会组织

集中了直线和参谋等各部门的代表，以会议的形式对提出的诸多问题进行信息交流和意见沟通，以便求得最优解，并据会议的结果来对问题进行协调和建议的组织结构称为**委员会组织**。与工厂相关的委员会组织的类型有班组工作会、领导工作会、生产委员会、技术委员会、设备委员会、安全委员会等。

小团队组织结构的优点与缺点如下。

① 优点

• 对于与多个部门有关的重要计划和课题的实施，可以有效地进行沟通和协调。

• 因为集中了大量的具有不同经验和知识的人员，可以得到视野更广阔的解决方案。

• 比参加重要会议解决问题更有意义的是协调能力的提高。

• 参加委员会可以了解企业整体的活动，因此有利于管理者的培养。

② 缺点

• 因为是集体会议，如果会议方式不当则会造成时间的浪费。

• 因为是集体决策，不明确个人责任和权限的话，就会导致个人责任不清的情况出现。

• 对于直线人员来说，会前准备和会议过程可能产生时间和费用的浪费。

（2）项目组织

项目（project）就是研究开发或生产等管理活动中的新的、具体的计划或课题。为了高效率地完成这个项目，需要从各个专业领域来召集具有解决这些问题能力的人才，组成一个团队，待问题解决后这个团队就会解散。这种临时的组织结构称为**项目组织**。

项目组织适用于新技术、新产品的研究开发，新产品量产前的准备和实施，涉及全公司的组织或制度改革，新信息系统的导入，建筑物、设施、道路、铁道等设施的建设施工等工作。

（3）QC小组

以现场的主管领导或班组长作为指导者，在同一职场内，自主地进行质量管理（QC）活动的小组称为**QC小组**。这是诞生于日本的一种小团队。

这个小团队，作为全公司协助下的QC活动的一环，通过自我教育、互相启发、共同应用各种QC相关方法、全员参与的形式来对现场管理进行持续改进。

进一步说，QC小组活动的基本思路如下。

① 改进企业的体制，对企业发展作出贡献。

② 尊重相互关系，营造出具有意义的欢快职场。

③ 发挥人员的潜能，挖掘出无限的可能性。

QC小组活动的特征之一，就是由小组代表采用会议的形式，对改进活动内容发表的活动成果报告。QC小组发表的活动成果报告又称为**QC故事**。

第3章

生产的基本计划

企业在开始进行生产活动前，通常按照下面的顺序制定生产的基本计划。

① 产品计划　确定生产什么样的品种、质量、性能、价格的产品。

② 生产计划　确定采用什么样的生产方式，生产数量和生产期间是多少。

③ 工厂计划　确定在实施两个以上的项目时，在什么地方生产、需要什么样的设施和设备。

这些基本计划就是针对上述事项，需要做出的、最经济状态下的合理规划。另外，制定这些计划时需要与生产、销售、财务等相关部门进行商议，探讨生产活动所包括的必要的资金和劳动力的问题等，最终由总经理、副总经理等高层管理者作出决定。

3.1　产品计划

产品计划是针对产品品种、质量、性能、数量、价格、时间等制定的，既能满足客户需求的，又能确保为企业带来收益的产品生产计划。根据产品计划的不同目的有新产品开发、现有产品的改进、更改设计，以及现有产品新用途的开发等。

制订产品计划，需要进行下列问题的研究。

① 研究与市场相关的顾客的品种需求以及竞争对手的品种现状等。

② 创意、创新和评价以及试制的研究。

③ 专利和相关法律法规的研究。

④ 销售时机、数量、价格、地区等的研究。

⑤ 计划的制订与控制。

3.1.1　产品研发

产品研发通常可以分为基础研究、应用研究以及开发研究。

① 基础研究　揭示新的事实或原理，是以探究自然规律为目的而进行的研究。

② 应用研究　将基础研究中获取的原理或规律的研究成果，应用到产业上解决实际问题而进行的研究，以获取产品化的关键点为目的。

③ 开发研究　利用应用研究的成果，以新产品的设计、生产、销售等技术层面的开发为内容而进行的研究。又称为新产品开发或新产品实用化。

新产品的开发，通常按照产品计划、产品设计、试制与试验、生产准备的逻辑顺序进行。在产品研发中除了新产品的开发之外，还有产品的改进以及伴随产品改进生产方式等领域的研究。

产品从进入市场到退出市场的整个时间过程称为**产品生命周期**（life cycle）。

因为产品生命周期会随着技术的进步而逐渐缩短，所以企业需要根据技术进步来预测未来市场的需求变化，并据此推进新产品的研究开发活动。另外，为了有效推进这些研究开发活动，有必要将开发部门编入企业的整体组织体系之中，并有制定明确的计划、推广、评价、产业化、开发费等相关制度。

3.1.2 产品设计

产品设计是指根据产品计划，为了实现产品化所进行的确定形状、规格、物料等要素并绘制图样的过程。产品设计按顺序包括：一般的基本设计，详细设计，样品（模型）的试制、试验，评价通过后进行最终设计。

产品设计根据目的不同可以分为以功能为重点的功能设计和以生产工艺为重点的工艺设计。

① 功能设计　功能设计是在产品设计的最初阶段需要着手进行的设计。功能设计是指为了获得可以发挥预定功能并可以给使用者提供充分满足感的产品性能而进行的设计。

② 工艺设计　工艺设计是依据功能设计的基本方针，在不影响功能的前提下，为解决生产中的相应问题而进行的设计。工艺设计是以经济、高效地生产出符合功能设计的产品为目的，将产品的形状、尺寸、材料、生产技术、零件的互换性等要素图纸化的过程。工艺设计又可称为制图，在机械工业中有装配图、零件装配图、零件图等。

试制是指为验证企业的策划或设计的目标能否达到相应的效果，而在实地所进行的实物样品的生产。

试制一般可以分为：以测试产品性能为重点的样品试制；以确认量产的可能性以及量产后质量是否发生变化为中心的批量试制；着眼于耐久力的耐久试验等。另外，还有为了获得计划制订所需要材料而在设计前进行的研究实验。

3.2 生产计划

在生产开始前，为了确保以最小的费用获取最大的利益，根据产品设计，针对要进行生产的产品，对其类型、质量、生产量、生产方式、生产地点、生产时间等方面所做的计划称为**生产计划**。

3.2.1 生产计划的分类

生产计划分类如下。

（1）按照生产技术的特点进行分类

① 产品组装生产　产品组装生产是指操作人员使用组装机械、机器人等，

将若干个零件组装连接而成产品（完成品）的生产，如汽车的组装业。

② 零件加工生产　零件加工生产是指使用工具或者机械设备，来改变材料的大小或形状，或进行表面研磨等加工而制成各类零件的生产，如机械零件制造业。

③ 流程式生产　流程式生产是指使用设备装置，通过对原材料进行化学的或物理的处理过程而形成的产品生产，如金属业、化工业，又可称为**装置生产**或**连续式生产**。

（2）按照市场特性进行分类

① 定制生产　定制生产是指生产方针对顾客的要求，按照顾客指定的样品而进行的生产，如工业专业设备的制造，又可称为**订货生产**。

② 备货生产　备货生产是指生产方经过市场需求预测，按企业已有的产品系列而进行的生产，目的在于维持成品库存以满足不确定的顾客的需要，如汽车业、电器产业，又可称为存货生产。

（3）按照品种和生产量进行分类

① 多品种小批量生产　多品种小批量生产是指间断、少量地生产多品种特殊产品的生产。多品种小批量生产通常与订货生产相关。

② 少品种大批量生产　少品种大批量生产是指大量连续地生产单一品种或少量品种产品的生产。少品种大批量生产与备货生产相关。

③ 中品种中批量生产　中品种中批量生产是指介于多品种少批量生产和少品种大批量生产之间的生产。

（4）按照产品的生产管理的特性进行分类

① 单件生产　单件生产是指对应于每个顾客的订单，其产品的生产只限于一次的生产，如化工厂、造船厂。

② 连续生产　连续生产是指在专门设置的机械或设备上，在一定期间内连续进行同一产品的生产。

③ 成批生产　成批生产是指按照产品种类，分批轮流地生产几种不同的产品的生产方式，每种产品均有一定的数量，这个数量称为批次（lot）。

实际上，大多数情况下是将这些生产方式进行组合而使用。常用的组合如表3.1所示。

表3.1　生产方式的关系（组合）

分类	技术特性	市场特性	种类和生产量	生产管理的特性
生产方式	产品组装生产	订货生产	多品种小批量生产	单件生产
	零件加工生产		中品种中批量生产	成批生产
	流程式生产	备货生产	少品种大批量生产	连续生产

3.2.2 生产计划的制订

生产计划制订的内容和顺序如下。

① 经营者或销售部门要预测产品的长期需求量，从而决定生产计划的基本方针。

② 生产部门（工厂）根据①的基本方针，编制工程计划、操作人员和机械设备计划、物料的运输计划等。

③ 生产车间（现场）根据②的计划，以月、季度、周、日为单位编制工作量和人员的计划。

在制订生产计划时，不能简单地将其与现有能力进行匹配，还要考虑工作量多的时候，要进行日常加班或者节假日加班，以及业务外包或委托加工。在完不成的时候，还要针对初始计划对交货期或数量进行调整。

3.2.3 按照时间划分的生产计划

生产计划按照其时间周期的不同划分，一般可分为长期生产计划、中期生产计划、短期生产计划三种。对于主要责任人，大的计划要由企业的高层管理者负责，小的计划则由企业生产部门主管人员负责。

（1）长期生产计划

长期生产计划又称为大日程计划。长期生产计划是1年到数年的生产计划。长期生产计划需要针对产品系列的市场需求作出长期销售预测，根据长期销售预测可以制定0.5 ~ 1年的生产计划，以确定和实现完成生产目标所需要的设备、人员、原材料等数量水平。长期生产计划包括原材料采购计划、库存计划、外购计划、人员计划、设备计划、资金计划等。

（2）中期生产计划

中期生产计划又称为中日程计划。中期生产计划是1 ~ 3个月期间的生产计划。中期生产计划需要确认生产所必要的设备、人员、材料的准时到位，以便对生产的品种、数量、交货日期等作出具体安排。中期生产计划就是有效地利用现有的生产能力、产品库存量、长期生产计划以及上月生产计划等，作出合适的对策。

（3）短期生产计划

短期生产计划又称为小日程计划。一般是指一天、一周或者一旬的期间内的生产计划，对于已经确定了生产数量的产品品种，在计划中要作好在哪个车间、按哪个时间进度、生产哪个产品的决策。

3.3 工厂计划

工厂计划是指，通过创造出能够舒适地进行生产活动的工厂，来实现能最大程度地提高生产效率的**生产管理**的计划。

作为具体的目标，工厂计划要考虑从业人员的安全和环境卫生、缩短生产时间并减少搬运环节、提高设备或人力的利用率、防止不合格品的产生、形成便于管理和监督的环境等。

由于工厂的建设需要很多不同的专业技术，所以必须由各自专业领域的专家们，通过资料收集、分析、研讨、调整等手段，共享专业技术知识，齐心合力地制定出计划。

3.3.1 工厂选址

工厂选址是指考虑工厂周边的条件，选定最适合生产的地址。工厂选址的诸多条件如下所述。

（1）自然条件

关于自然地理方面所考虑的条件：

① 地形、地质、气候风土是否合适。

② 工业用水、饮用水等是否能够充足地供应。

③ 原材料、电力、燃料等的获得是否容易。

（2）经济条件

从经济的角度所考虑的条件：

① 土地的价格是否与工厂预期相符合。

② 运输、通信、通勤是否方便。

③ 劳动力的获取是否能从质和量两方面得到满足。

④ 与本地协助工厂或关联企业的关系是否友好。

⑤ 租金税、保险费等费用如何。

（3）社会条件

对于政治与社会方面所考虑的条件：

① 建筑基准法、消防法、地方条例等相关法律法规的约束情况。

② 灵活运用相关的城市规划、国土计划、地方开发计划等优惠政策的情况。

③ 地方政府的政治上与社会上的稳定程度和协助程度如何。

3.3.2 工厂用地

决定好满足工厂选址的诸多条件的地域之后，对于**厂区用地**（工厂用地）的确定与建造则要满足如下的诸多条件。

① 用地的地形（土地形状与高低）、地质（地基的软硬）、面积等是否适当。

② 自来水、电力、煤气等的获取是否便利。还有，工业用水（地下水、河流水）等的水质、水量是否适当。

③ 排水、废弃物、排烟、排气、恶臭、噪声、振动等对周边以及环境的影响程度，以及相关应对措施。

④ 从运输的角度考虑，高速公路、主要道路、港口、机场等交通设施是否完备。

⑤ 从将来的角度考虑，厂区用地是否有利于扩张。

3.3.3 厂房建造

厂区用地决定之后，就要开始进行工厂厂房的建造。对于**厂房建造**而言，最重要的条件就是在得到高效率的工厂生产的同时，必须考虑能够使从业人员舒适地进行生产作业。为此，厂房建造需要满足的要求如下。

（1）建筑物的规划设计

在建筑物的规划设计方面，需要考虑以下要求。

① 按照生产工序的顺序配置各个生产建筑与设施，以使其工序间的路径为最短距离。

② 原材料仓库和成品库要便于工厂内外的运输。

③ 与工厂内外的相关的各种设施的联络要便捷。

④ 要考虑工厂周围的振动、噪声等影响，要有适当的火灾、地震、风灾、水灾等的防灾措施。

⑤ 要充分考虑工厂内外的交通道路或者厂区地形等因素，使其在规划设计中获得最佳的配置。

（2）主要建筑物以及设施

工厂所配置的主要建筑物以及设施，因生产产品的品种不同也有所差异。

① 生产制造用的建筑物　机械、设备等的布局要便于直接进行生产，因此，在工厂中心的建筑中，特别需要注意安置这些机械设备的建筑物的栋数和面积。

② 生产相关设施　是与生产具有间接关系的设施，如办公楼、卫生站、研究设计室、仓库、动力设施、照明、给排水、空调设施、防灾设施等。

③ 生活相关设施　是从业人员在生活上所需要的设施，如食堂、更衣室、图书馆、洗手间、卫生间、停车场、自行车放置点、宿舍、浴场、诊疗所等。

（3）建筑的形式

工厂建筑的平面形式如图3.1所示。工厂建筑的平面形式取决于生产工序或厂区的形状、大小等。

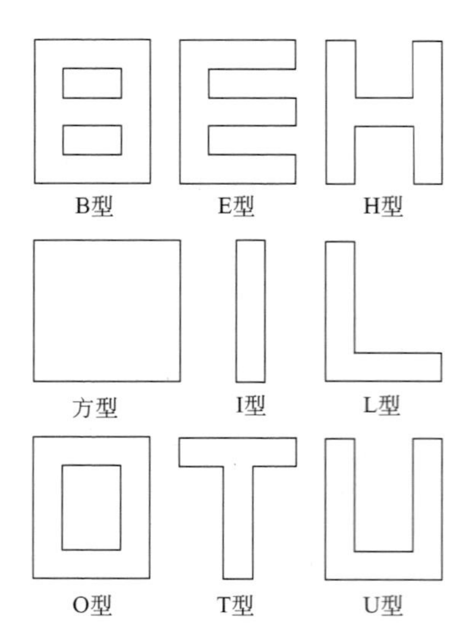

图3.1 建筑的平面形式

另外，如果按照建筑物的层数来进行分类，则一般可分为单层和多层（2层以上）。单层厂房，厂区面积虽然大，但所需的建设费用比较便宜，且重型机械设备的更换或原材料的搬运比较容易进行。多层厂房，虽然能够有效地利用厂区，却不便于超重原材料的搬运，只适合小型轻巧产品的取用。对重量轻而数量多的原材料进行连续加工的面粉工厂、糕点制造工厂、制药工厂等，比较适合采用多层形式。

（4）厂房的建筑结构与面积

厂房的建筑结构可以分为木质结构、钢筋结构、钢筋混凝土结构等。不管从这些结构中选定哪一种结构，都需要考虑工厂的类型、规模、生产方式、建筑费用、环境等因素。另外，在法律上还有建筑基准法、消防法、各地方条例等，确定厂房建筑时也必须将这些法律法规考虑进去。

特别指出的是，确定生产制造业厂房的面积时，需要考虑以下几点。

① 要配置的机械或设备的台数和操作人员的数量。

② 机械、设备本体所占有的位置与面积，使用这些机械、设备所需要的面积以及加工品的搬入及安置面积。

③ 加工工序的顺序。

因为建筑内部的采光是从天井、上侧面等上方开始的循序的照明效果，所以过去的钢筋结构的单层工厂厂房大多数都是采用图3.2（c）所示的锯齿形屋顶，从窗户的上方进行采光。但伴随着建筑技术的进步，对于需要巨大面积的制造工程，钢筋结构则采用立体桁架或拱形屋顶，钢筋混凝土结构则采用上方为平面且做了防水措施的平屋顶等。

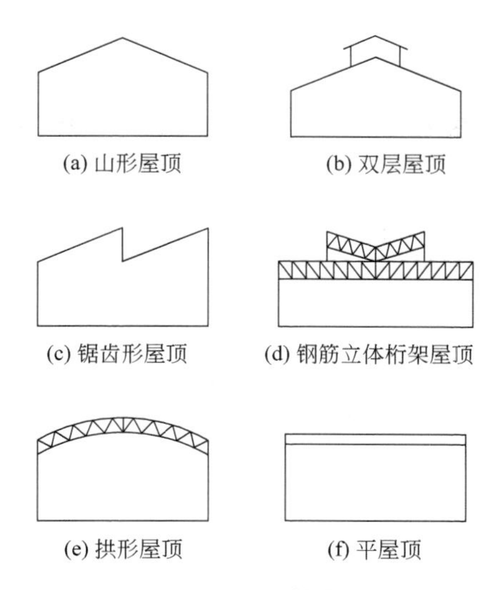

图3.2 屋顶的类型

另外，还有利用人工照明来取代自然采光、通风等方法。例如，特别是在生产上需要一定温度和湿度的精密加工、制药、纺织等行业，工厂、研究室等建筑则采用了完全无窗的房间或无尘房间，也有采用完全依靠人工照明和空气调节（空调）来保持特定生产环境的方式。

空气调节是利用了空气调节装置，按照使用目的将室内空气的温度、湿度、气流以及清洁度调整到最适合的状态，进一步的还可以除去尘土、细菌、有害气体等从而达到净化空气的目的。

3.3.4 设备布置

设备布置是指在制定质量、数量、交货期等计划之前，为了能够以最小的成本生产出产品而进行的作业区、设备、资材等的合理布置。具体来说，制订设备布置的计划时必须注意以下几点。

① 合理地安排生产中物流的流向，减少无理、不稳定、浪费现象，以实现物流顺畅。

② 确定工人行走的距离最短，以减少和消除劳动力的浪费。

③ 尽可能减少搬运的距离和次数，以降低运输成本。

④ 高效利用工厂的平面面积和空间，以使空间最优化。

⑤ 要注意环境的整理，以保障作业安全。

对于工厂的设备布置，制订出的计划需要考虑到产品和生产此产品所需的设备类型和数量、生产方式、作业的工序等。工厂设备布置的基本类型如图3.3所示。

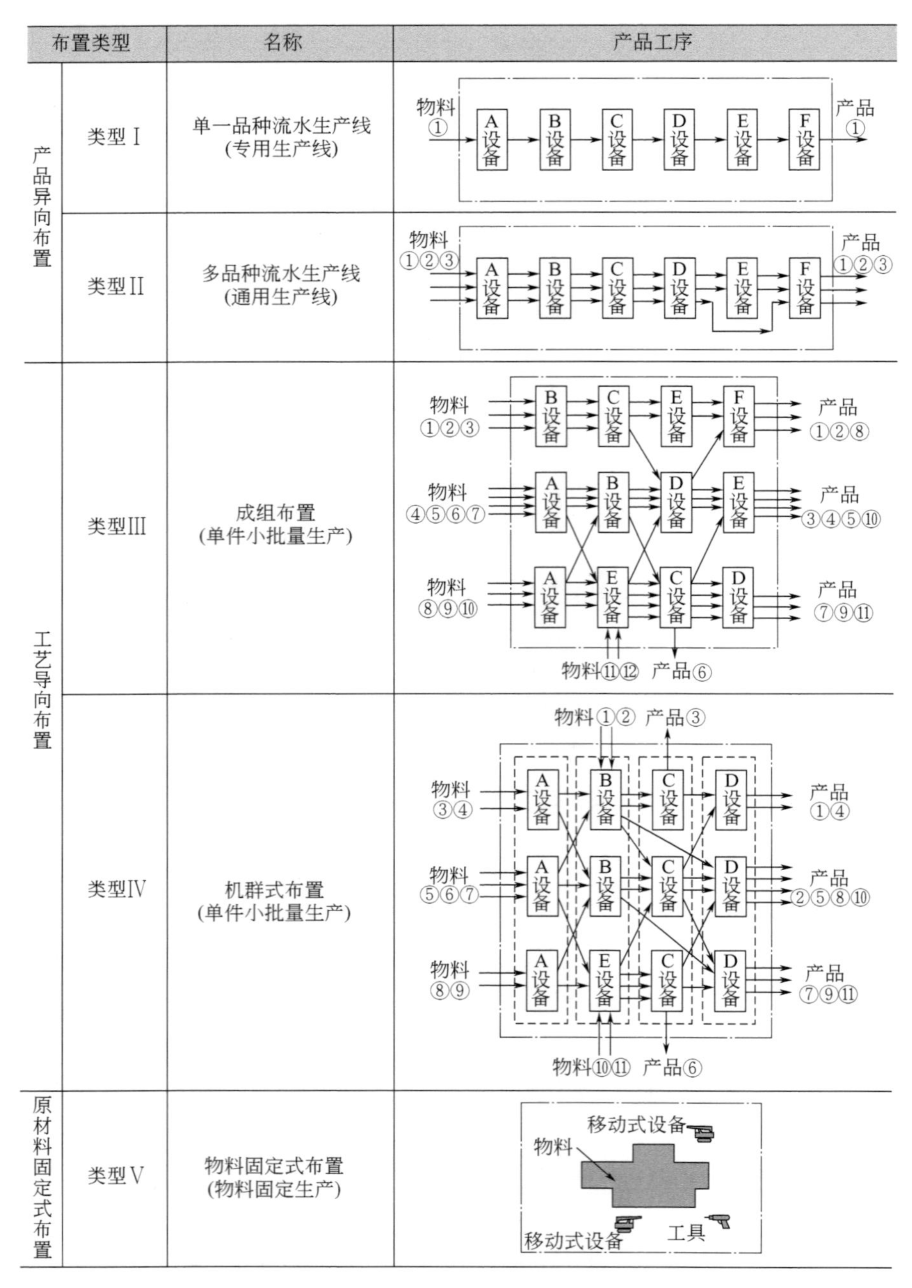

图3.3　设备布置的类型

（1）产品导向布置

产品导向布置是指将一个产品或者类似的多个产品生产的作业组合，按照加工步骤来安排各工序所需设备的**流水线生产方式**。在流水线生产中，因为流水作业的原因，有利于生产效率的提高。流水线的布置形状除了I形以外，还有U形、J形、L形等。流水线生产的现场称为**流水作业**（flow shop）。产品导向布置又称为**产品专业化**、自动生产线。产品导向布置有单一品种流水生产线和多品种流水生产线两种类型。

① 类型Ⅰ：单一品种流水生产线

单一品种流水生产线是指以产品为中心，按照生产工序的顺序来配置专用的设备，形成流水线化的设备配置，又可称为**专用生产线**。由于材料在流水线上直线流动，当各工序的处理时间能够基本一致时，可以安排各工序以一定的同步节奏进行生产。所以，流水线的生产效率很高，也容易完成计划的生产量。为了简化工序间的运输并稳定生产线的生产速度，大多数情况下会使用传送带。对于单一品种流水生产线而言，最重要的是生产线的平衡问题。

单一品种流水生产线所进行生产产品的特征是有大量需求的产品，配置给各工序的设备和操作人员适用于几乎是100%生产单一品种的大量生产的情况。按单一品种流水生产线形成的生产系统，通过推进各工序的自动化与少人化可以保证产品质量的稳定性、生产的产量和交货期，能够降价成本，协作关系简单，便于监管。福特就是按照单一品种流水生产线进行汽车的大量生产，对汽车的普及作出了极大的贡献。

② 类型Ⅱ：多品种流水生产线

多品种流水生产线是指将结构、工艺相同或相似的多品种的产品，统一组织到一条生产线上生产，利用生产工序或设备以及所采用工艺相似性的特点，将共用的加工设备按照工序的顺序布置成流水线型的生产线，又可称为**通用生产线**。单一品种流水线是由生产单一品种的流水生产线构成，而多品种流水线则是通过多个类似的产品的组合来提高生产线效率的生产方式。

在多品种流水生产线进行生产的产品组有以下特征。

a. 同组产品的共同点是在各工序中所使用的设备或作业内容类似。

b. 各产品的生产工序的顺序类似。具体来说，工序系统、设备的使用顺序、作业的进行顺序等基本相同。

c. 各产品在各工序的处理时间（作业时间、加工时间、组装时间等）几乎是相同的（处理时间的平均值几乎是均衡的，相对离散较小）。

对于多品种流水生产线按照产品的轮换方式有可变流水生产线和混合品种生产线两种方式。

a. 可变流水生产线方式。**可变流水生产线方式**是指在一条流水线上集中轮番地生产几个产品，在没有进行产品轮番的这段时间内，就连续生产相同品种的生产方式，在这期间之内多品种流水线与单一品种流水线具有相同的作用。将几个产品设为A、B、C，轮番生产的几个产品投入生产的顺序为

AAAAAA*BBBBB*CCCCC*AAAAA*。其中的“*”是指产品轮番生产的变更作业，产品轮番变更时，流水线需要做少量作业调整，由此会产生作业调整的时间间隔。如果采用可变流水生产线的方式进行生产，因为整体都在生产单一品种，其他品种的生产要按照轮番的顺序才能进行生产，因此，相对于其他产品生产而言就相当于间歇式生产。当多品种的需求条件、在库管理、出库计划等方面允许间歇式生产时，可变流水生产线的方式与单一品种流水线能够具有相同的高效生产效果预期。

b. 混合品种生产线方式。**混合品种生产线方式**又称为**混合流水生产线方式**。混合品种生产线的方式相对于多品种流水线而言，是考虑到多个品种产品的需求量和加工顺序，在同一条生产线上同时生产多个品种，各品种均匀混合流送的生产方式。与上述可变流水线的投入方式不同，混合品种方式的产品投入生产的顺序为AA*B*C*AA*B*C*A*BB*CC*A*。其中的“*”是指产品品种的轮换作业，这种生产方式需要频繁地进行轮换的作业。混合品种方式与上述的多品种流水生产线的条件相同，都是适用于品种轮换生产容易、调试时间短到可以忽视的情况，而且适合于需要在短时间内满足各种品种的需求量，同时要求库存量最小化的场合。汽车的装配生产线设备投入资金很高，产品的生产成本也高，因此，通过不断改进各工序作业的时间同期化以及轮换时间最小化等问题，就能够实现高效率的混合品种生产方式。

（2）工艺导向布置

工艺导向布置是指当生产的产品品种较多，而相同类型的产品的总需求量都不是很大，使用的设备或工序顺序的相似性较低的情况下，或者各产品的需求量（生产量）不需要专用生产线，采用共同的生产线也会造成运转率低下和浪费的情况下，将产品群整体所需的功能相同的通用机械设备或工艺特征布置成网状的生产系统。随着产品的流动时间相互间错开而形成网状。工艺导向布置的现场称为车间类型小批量生产（job shop）。工艺导向布置多用于进行多品种小批量生产的工厂。

按工艺专业化布置的工厂所进行生产的产品的特征如下。

① 产品的种类多，需求量波动较大。

② 生产对象的工序各种各样，各个工序的顺序不同。

③ 生产各产品的工序时间各不相同，或者即使是同一产品，其各工序的作业时间或加工时间也不相同。

④ 需要较高的加工技术，加工工序和加工时间都难以确定。

工艺导向布置又称为**工艺专业化**。有以下两种类型。

① 类型Ⅲ：**成组布置**

机械成组系统（成组布置）是指在不同机械设备布置的生产现场中，可以减少产品在各机械设备间搬运距离的生产系统。在工厂内物料的搬运和处理称为**物料搬运**（material handling），在机械设备布置的工厂内，物料搬运所花费的工夫和时间非常多。成组布置就是采用了将物料搬运合理化的方式。

② 类型Ⅳ：**机群式布置**

机群式布置是指在**机械设备分类布置**的生产现场中，将相同系统的机械设备集中在一起构成的机械设备群为单位的生产方式。相同系统的机械设备是指具有相同专业技术的机械设备，需要在具有高度专业技能的操作人员的指挥下形成专业技术团体。重视技术进步和强化生产能力、技术者管理简易化等场合，通常采用机群式布置。

（3）原材料固定式布置

原材料固定式布置是指让体积或重量庞大的物料停留在一个固定的地方（其固定的地方可以是车床上、夹具上、托盘上或者作业台上），生产设备按照加工的顺序移动到产品的相应加工部位进行加工的生产系统。原材料固定式布置通常是在产品本身或生产特性使其难以移动时采取的方式，例如大型船舶的建造就是这种布局方式的实例。

但是即使能够移动原材料时，如果是在生产量极少或者单一特定生产等情况下，不管采用前面的哪一种生产方式，在生产线上的生产都会产生不经济，或者必须严格保密等特殊条件时，也会采用这种方式。

原材料固定式布置因为没有原材料的流动，所以又称为**物料固定式布置**、**固定工位式布置**。因此，生产时所使用的机械设备是可移动的机械设备，或者从机械设备处到加工作业点间，配置所需的配管和配线使其能方便生产。

第4章

工序管理

4.1 工序管理的概念

工序是指原物料被加工成为产品的生产活动的环节。在工厂内的一系列的工序称为**生产工序**。**工序管理**是指从提高效率的角度出发，对一系列生产工序所作的计划与运营。

具体来说，根据生产计划来确定产品的种类、数量、完成时间及生产方式，制定工序计划或日程计划并确定生产顺序，确定分派的作业内容并配备好所需要的材料着手生产，按照进度安排对生产作业的完成状态进行指导和控制。

一般认为，工序管理是伴随着生产而进行的计划、实施、控制的一系列管理活动，工序管理的目的是确定产品的产量和交货日期。因此，工序管理在生产活动中是极其重要的。可以从管理职能的角度对工序管理划分类型，如表4.1所示。

表4.1 工序管理的职能划分

职能	计划、控制	内容
计划职能	工序计划 日程计划	制定作业步骤计划，确定作业顺序、方法、时间、地点等计划，根据订单数量，正确地进行生产能力的调整
控制职能	安排控制 工序控制	制定安排计划，进行作业的分配和开始生产，为工序预期计划的顺利完成实施控制

4.2 工序计划

工序计划包括制定每个产品的制作步骤所作的步骤计划、制定配置适当的设备和人员所作的工时计划、负荷计划等。

作为工序计划实施的要点，一是多品种的产品单个生产的情况下，几乎所有的产品每次都要制定工序计划；二是某个品种的产品连续生产的情况下，只是在最初的生产阶段制定一次工序计划就可以了。

4.2.1 作业步骤计划

作业步骤计划是指对于设计好的产品，基于设计图的意图来确定实际的实物生产时所需要的作业次序和方法，以及机器设备和工装、所需的材料、加工地点的过程。用表的形式来表示的作业步骤计划称为**作业步骤表**或**工序表**，图4.1就是作业步骤表中的一例。以下内容就是制作一个品种的作业步骤表中需要记入的项目。

① 产品或者部件的名称和编号；

② 作业的名称和内容以及顺序；

③ 作业的必要人员和技能要求；

④ 在作业中使用的机器设备的机种、精度以及工装；

⑤ 作业的标准时间；

⑥ 使用材料的质量、形状、规格、数量等。

作为制作计划和筹备的基础资料，作业步骤表除了在生产现场使用之外，还要下达给仓库、采购、销售、设备、工装、劳动等各部门，作为生产准备资料使用。

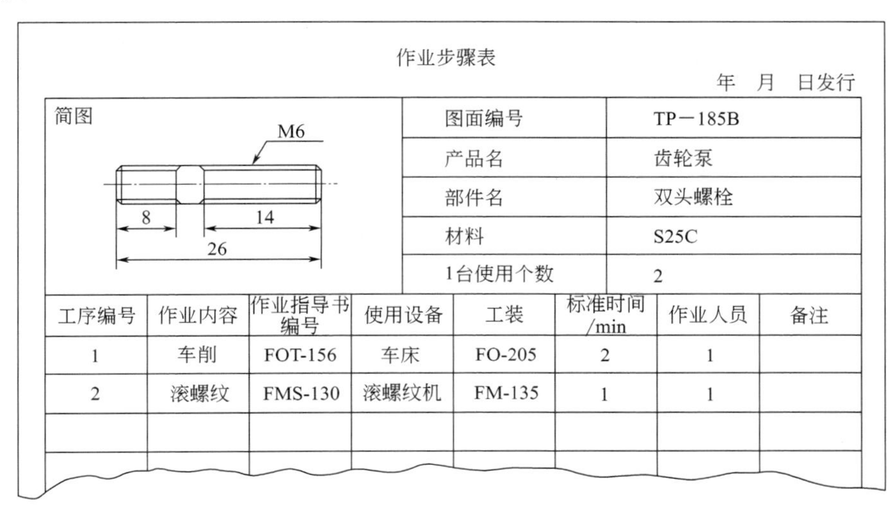

作业步骤表

年　月　日发行

简图	图面编号	TP－185B
	产品名	齿轮泵
	部件名	双头螺栓
	材料	S25C
	1台使用个数	2

工序编号	作业内容	作业指导书编号	使用设备	工装	标准时间/min	作业人员	备注
1	车削	FOT-156	车床	FO-205	2	1	
2	滚螺纹	FMS-130	滚螺纹机	FM-135	1	1	

图4.1　作业步骤表的例子

4.2.2　工时计划

工时是指以一名操作人员来计算的工作量单位，通常用人·小时（一人工作一小时）来表示，称为人时。有时也用人·日（一人工作一天）来表示，这时称为**人工**。在采用自动机械设备进行作业的情况，工时的基准是一台设备的运转时间。

工时计划是指将订单加工所需要的工时，按照工序类别或者按照部件类别换算成人·日、人·小时等所需的工时。这个计划除了作为基准日程计划、日程计划外，也是人员计划、设备计划、成本核算等的基础资料。

工时计划的制定步骤如下（先根据步骤1 ～ 4求得负荷工时和能力工时，再按照步骤5，就可以计算出所需要的人员和必要的设备台数）。

步骤1：求解标准工时

标准工时是指包含宽放时间在内的每一个产品的作业的标准时间。关于标准时间可参见5.5节。

步骤2：求解预定的生产量

工序的不合格品率（不良品率）可利用下式算出。

$$\textbf{预定的生产量}=\frac{\text{订单数量}}{1-\text{不合格品率}}$$

步骤3：求解相当于1个月（一定时间）的**负荷工时**（在这里设一定期间为1个月）

负荷是指分配给工序的工作量，负荷工时可利用下式算出。

1个月的负荷工时=标准工时 ×1个月的预定生产量

步骤4：求解1个月的**能力工时**

用工时表示的现有的操作人员和设备能够完成的工作能力称为能力工时，可利用下式算出。

① 每人每月的能力工时=1天的工作时间[1]×1个月的工作日数×（1-缺勤率）

② 每台设备每月的能力工时=1天的运转时间 ×1个月的运转日数×（1-故障率）

步骤5：求解所需的人员、必要的设备台数

① $\text{所需的人员}=\frac{\text{1个月的负荷工时}}{\text{每人每月的能力工时}}$

② $\text{必要的设备台数}=\frac{\text{1个月的负荷工时}}{\text{每台设备每月的能力工时}}$

计算出的工时要按照工序类别、部件类别、地点类别、订单类别等进行区分，归纳整理成工时表。图4.2就是将各部件按照作业步骤计划的加工步骤而填写的标准工时的工序类别工时表。图4.3是根据加工步骤，为明确各个部品所需

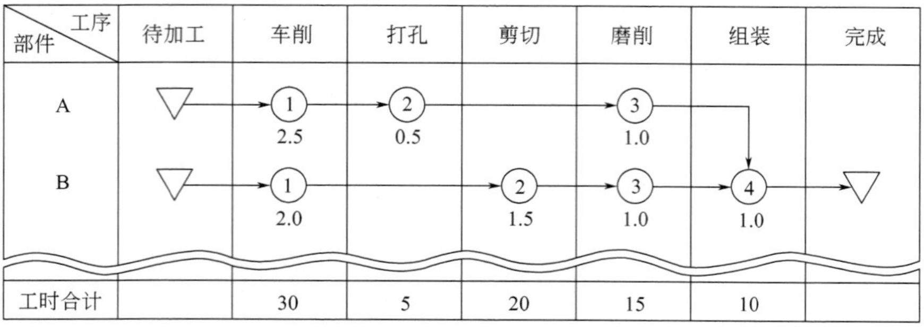

部件＼工序	待加工	车削	打孔	剪切	磨削	组装	完成
A	▽ →	① 2.5 →	② 0.5 →		③ 1.0 ↓		
B	▽ →	① 2.0 →		② 1.5 →	③ 1.0 →	④ 1.0 →	▽
工时合计		30	5	20	15	10	

○里面的数字表示工序的顺序；○下面的数字表示工时

图4.2 工时表（按工序类别）的例子

[1] 工作时间：工作时间是指从规定的工作时间、提前上班和加班时间的合计中减去规定的休息时间和早退、迟到时间所得到的时间，又称为**实际工作时间**或**实工作时间**等。

的工时而作的部件类别工时表一例。

部件 / 加工顺序	部件A		部件B	
	工序	工时	工序	工时
1	车削	2.5	车削	2.0
2	打孔	0.5	剪切	1.5
3	磨削	1.0	磨削	1.0
4			组装	1.0
工时合计		4.0		5.5

图4.3 工时表（按部件类别）的例子

4.2.3 负荷计划

在工厂计划中，按照工序类别和岗位类别，进行订单的负荷工时与工厂的能力工时的匹配时，既要进行两者的比较又要考虑生产量和交货期，按照期间类别把工作分配给工序称为**负荷计划**或者称为**负荷分配**。另外，按照期间依次累加的负荷堆积下去则称为**负荷山积法**[1]或简单称为**山积法**。

对于负荷计划，若是作业能力不足时，可以通过延长作业时间、增加外协等方法进行调整，当预见到长期的能力不足时，就需要增加设备和人员。

具体来说，工序计划者必须具备相关的知识，包括正常的职种类别或设备类别的生产能力，以及如何调动生产能力来完成负荷计划的知识。能力和负荷之间的差异称为**余力**，负荷计划的要点就是力争在负荷与能力之间取得平衡，并将能力和负荷之间的差异（即余力）维持在较小的范围内。

图4.4表示了将全部的新订单的工作量［图（a）］的负荷计划分配到已有负荷的设备1、设备2的结果［图（b）、图（c）］。

负荷分配的方式有以下两种方法。

（1）顺时针负荷法（正向方式）

以现时间点为基准，向有余力的工序依先后顺序进行负荷分配，从而算出交货期的方法。顺时针负荷法分配的顺序简单，但是在交货期比较紧张的情况下不能保证准时交付。

（2）逆时针负荷法（反向方式）

以交货期为基准，从最后的工序开始逆向地依次进行负荷分配的方法。虽然计划中的负荷移动或调整计算比较复杂，但是，因为是以交货期为基准进行逆推的，所以适用于力求缩短产品在库时间时和订单生产情况下的负荷分配等。

[1] 负荷计划法，通常使用负荷山积法、线性计划法、整数计划法、动态计划法等利用计算机的程序化开发出来的各种方法。

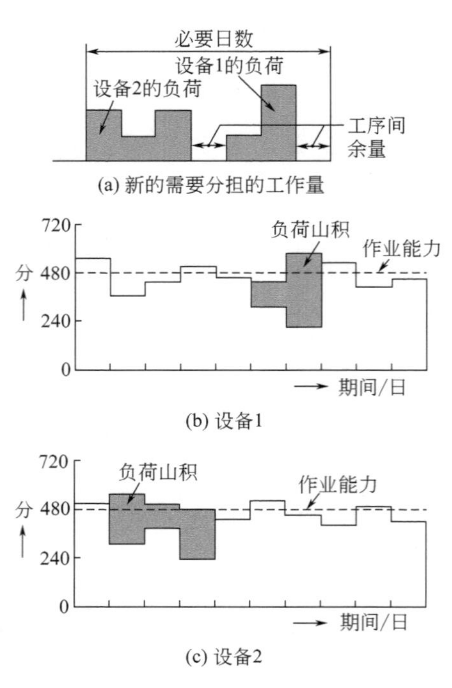

图4.4　负荷山积法

图4.5表示了在组装作业中的顺时针负荷法和逆时针负荷法的负荷分配。

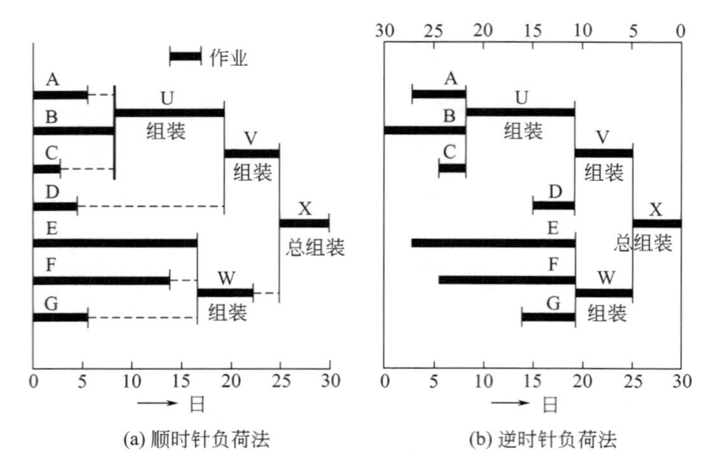

图4.5　组装作业的负荷分配方式

4.2.4　日程计划

（1）日程计划的概念

从各工序开始到结束所需要作业的日期称为**日程**，**日程计划**是基于作业步骤计划中的作业所建立的最适合的日程规划。具体地说，在订单生产的情况下以交货期为目标、在计划生产的情况下以生产计划确定日期为目标，充分考虑物质的采购或设备、操作人员的余力等，以时间为中心来排列各个作业。这样一来，可以提高各工序的**运转率**[1]，缩短生产期间，最终提高经济效益。

表示产品和部件的日程计划的表称为**日程计划表**或**日程表**。因日程表制定目的不同，可分为产品类别、部件类别、设备类别、作业类别等。另外，正如生产计划可以划分为长期、中期、短期一样，日程表也可根据其使用目的划分为大日程、中日程、小日程。

① 大日程计划　工厂厂长和最高管理者使用的，以0.5 ~ 1年内每月生产的产品品种和数量为中心的日程计划。

② 中日程计划　部门管理者使用的，以1 ~ 3个月内的每周至每季度生产的产品和部件为中心的日程计划。

③ 小日程计划　现场管理者使用的，以周至季度内的每天作业为中心的日程计划。

图4.6表示的是一个产品类别的大日程计划。通常，日程计划按照下面的步骤制定。

① 按照产品或产品组制定基准日程；

② 制定生产的大日程计划；

③ 制定产品或部件的中日程计划；

④ 制定作业的小日程计划。

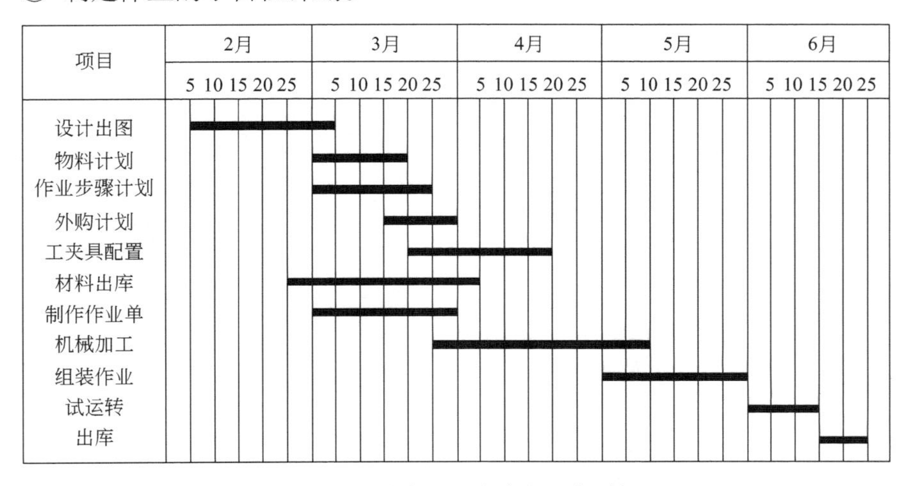

图4.6　综合日程表（产品类别）

[1] 运转率：操作人员或机械设备等有效的作业时间与全部作业时间的比例。

（2）基准日程计划

完成一个产品或部件所花费的时间不仅仅是加工时间，还有在制品的作业及完工后的等待时间、工序间的搬运及搬运等待时间、其他停滞的余量时间。

以这些合计的时间为基准，按照各个工序加工的顺序排列，明确其产品或部件从生产开始到结束，标准的工期所需的日程称为**基准日程**，基准日程的单位通常用日来表示。对这个基准日程有影响的是预测的余量时间。在用预测方法得到余量时间时，选取略低于所调查的过去数月实际业绩值的平均值。图4.7表示了基准日程的构成。

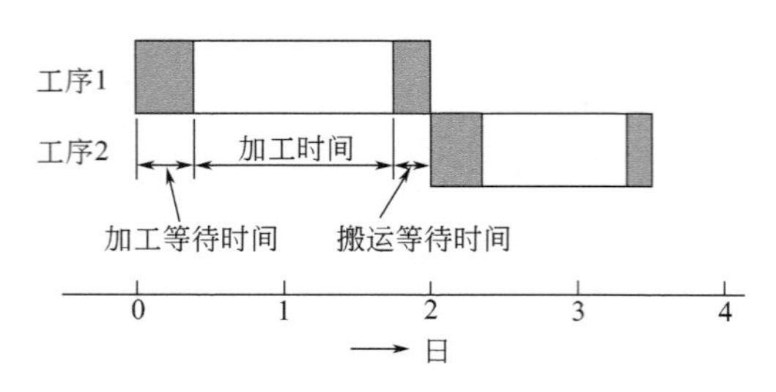

图4.7　基准日程的构成

制定基准日程的目的在于为负荷分配提供信息，按照订单已经确定了交货期情况，要在交货期内完成工作，就要确定哪个工序先行、什么时候开始等，以求得负荷分配的信息。

现根据某一订单，以图4.2所示的工序步骤为例，介绍制定基准日程的步骤，具体如下。

步骤1：填写每个产品或部件的各工序的基准日数，汇总成图4.8所示的表。

部件	加工顺序							
	1		2		3		4	
	工序	基准日数	工序	基准日数	工序	基准日数	工序	基准日数
A	车削	3	打孔	1	磨削	1.5		
B	车削	2.5	扭曲剪	2	磨削	1.5	组装	1

图4.8　加工工序表

步骤2：将工序步骤计划中的部件类别的各工序，如图4.9所示的那样，按照加工步骤排列。

步骤3：保持其加工步骤的顺序，将各部件的工序平行配置，得到**基准日程表**，如图4.10所示。

步骤4：将基准日程表右端的最终完成日设为0，根据逆时针负荷法，按照加工步骤的反方向标注表示日程刻度，根据这个刻度就可以知道为了在交货期内完成生产的各个工序的开始时间。刻度上标注的表示次序的编号称为安排编号

（简称排号），通常以一天为一个编号，但工期较长时也会以2天以上甚至1周为一个编号。

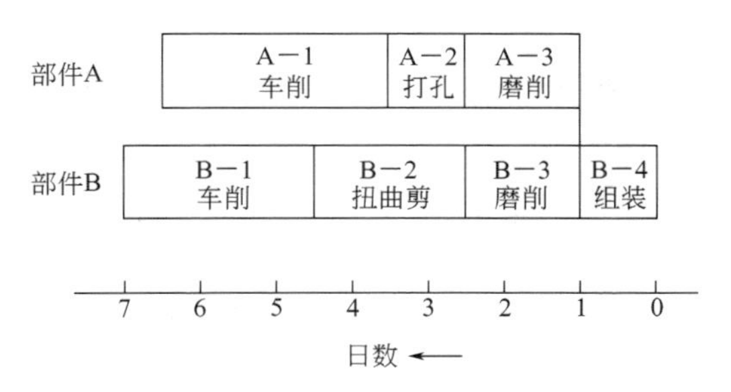

图4.9 基准日程（按部件类别）

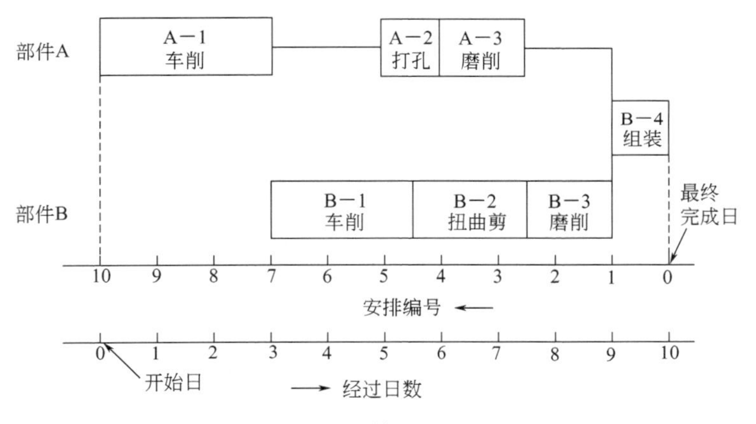

图4.10 基准日程表

4.3 作业安排与工序控制

4.3.1 作业安排

基于生产计划而制定的安排计划，主要向相关部门下达设备、物料、人员等的准备指示，将作业分配给作业人员或设备，以便开始生产的过程称为**作业安排**或**调度**。

在进行调度时，同时要送达：记载了作业内容和时间等信息以便指示作业开始的作业单（图4.11）；领取部件、材料或者工装等出库的出库单（图4.12）；为了检查和记录作业中的半成品或完成品的检查单（图4.13）；用于记录各工序间在制品移动的顺序、时间、移动地点等指示和接收信息所使用的传递单（图4.14）等。图4.15表示了各单据传递的路线。

这些票据是由在各个现场负责的工长等按照对应的需求制作颁发，或者由制

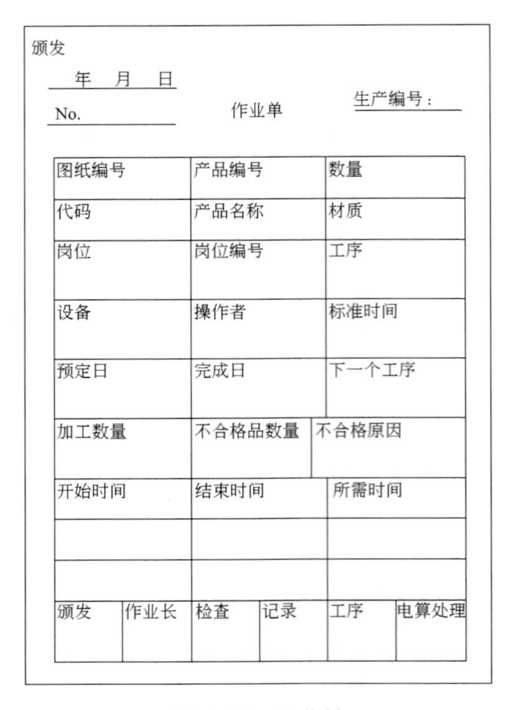

颁发

年 月 日

No. 作业单 生产编号：

图纸编号	产品编号	数量
代码	产品名称	材质
岗位	岗位编号	工序
设备	操作者	标准时间
预定日	完成日	下一个工序
加工数量	不合格品数量	不合格原因
开始时间	结束时间	所需时间

颁发	作业长	检查	记录	工序	电算处理

图4.11 作业单

颁发

年 月 日

No. 出库单 生产编号

工艺编号	工艺名称	图纸编号	零件编号	零件名	材质
小组编号	个体编号	材料类型	规格	质量	数量

摘要		作业地点	本	
			下	

机器编号	机器名称	岗位编号	姓名	小组名称

材料准备事项	询问日期	回答日期	出库指定日期	准备完毕日期	作业者印	询问	
						回答	
	订单编号	规格	数量	单个质量			
					出库印	月日	
	总质量	单价	金额			搬运	
备注				材料负责人		出库	

图4.12 出库单

颁发

年 月 日

No. 检查单

工艺编号	工艺名称	图纸编号	零件编号	零件名称	材质
小组编号	个体编号	工序编号	最后工序	质量	

摘要		作业地点	前	
			本	
			下	

机器编号	机器名称	岗位编号	姓名	小组名称

存储地点		接收日期		搬运印		接收印	

检查结果	No.	1	2	3	合计	检查统计	类型		数值
	合格						损耗率	出库	
	不合格							合格	
	修复							比率	
	合计						材料利用率	材料	
	月日							产品	
	检查印							比率	
	备注					检查者		检查表	

图4.13 检查单

颁发

年 月 日

No. 传递单 生产编号

图纸编号	产品名称	数量
代码		

No.	工序	数量	接收日期	接收印
1				
2				
3				
4				
5				
6				
处理				

工序	处理	记录	备注

图4.14 传递单

定生产计划的专业人员制作。图4.16所示的就是使用**调度盘（板）**所显示的调度过程。

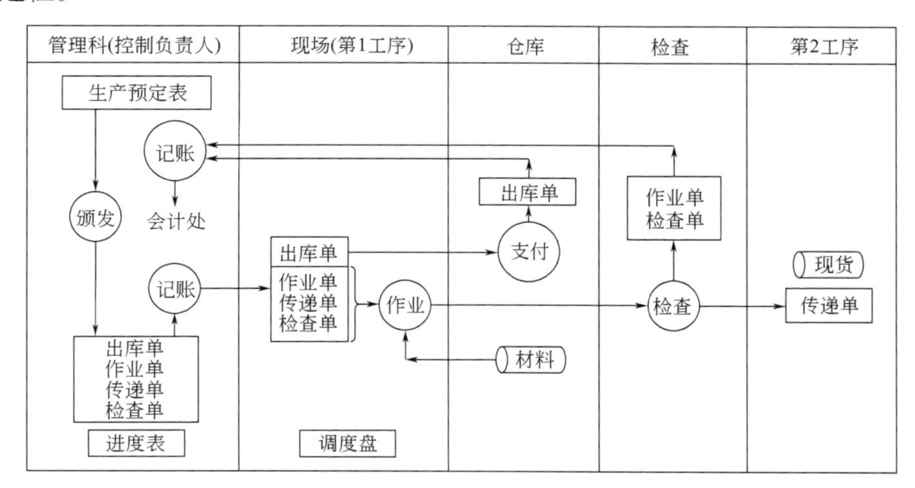

图4.15 单据的传递路径

调度盘 ○○岗位

机械名称	L_1	L_2	L_3	M_1	M_2	S
作业者	A	B	C	D	E	F
作业中						
准备完了						
准备中						

形状差异 传单

图4.16 调度盘

最近兴起的是利用信息系统替代票据的颁发和记载，它是通过作业现场的末端机和综合管控室的应答装置，来迅速地进行作业分配和实施的信息传递。

4.3.2 工序控制

按照生产计划开始作业后，现场管理者就需要不断地关注作业的进度，必要时还要对操作人员进行适当的指导，进而，进行进度管理、余力管理、现货管理等内容的工序控制工作。

（1）进度管理

在进行作业过程中，比较日程计划与实际进展状况，当存在差距时，分析其产生的原因，并采取必要措施的过程称为**进度管理**。

实施进度管理的主要步骤如下。

① 根据调查，掌握进度状态。

② 判定计划与实际进展的延迟差距。

③ 当发生延迟时，进行进度修订。

④ 调查延迟的原因，制定相应的措施并实施。

⑤ 在确认延迟得到纠正的基础上，继续跟进生产进度。

对于所要进行的进度调查，在批量生产中使用甘特图，在流水生产线作业中则可以使用图4.17所示的**流动数曲线**（斜线进度表），而在新产品或试制品的进度调查使用PERT等。

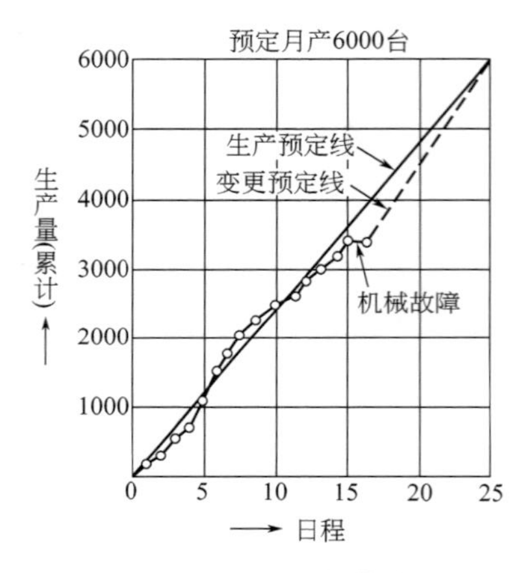

图4.17　流动数曲线

甘特图（Gantt chart）是由美国的甘特（Henrry L.Gantt）提出的，用于对比日程计划和生产进度状态等的管理图表。图4.18表示的是一个机械加工情况下的甘特图实例，表的左侧栏内填入设备、工序、产品、部件等需要管理的项目，表的上方栏则按月、周、日进行了区分。在图中预先用细线标记了各设备的预定工作量，然后再随时将实际作业工作量用粗线标记在表中，就可以明确显示出计划与实际的差距。

甘特图由于制作简单，看到图的瞬间就能看出各作业时间的进度，所以，对于出现的状况能够及时采取措施。但是，因为没有显示各作业之间的关系，当企业规模变大、作业的数量变多时，它就无法确定作业的先后顺序，不利于生产效率的提高。

（2）余力管理

在生产进行中，当分配给作业人员和设备的工作量超过其能力时，生产就不能准确地按照指示的日程来进行；与之相反，当具备的能力过大时就会因浪费而增加成本。

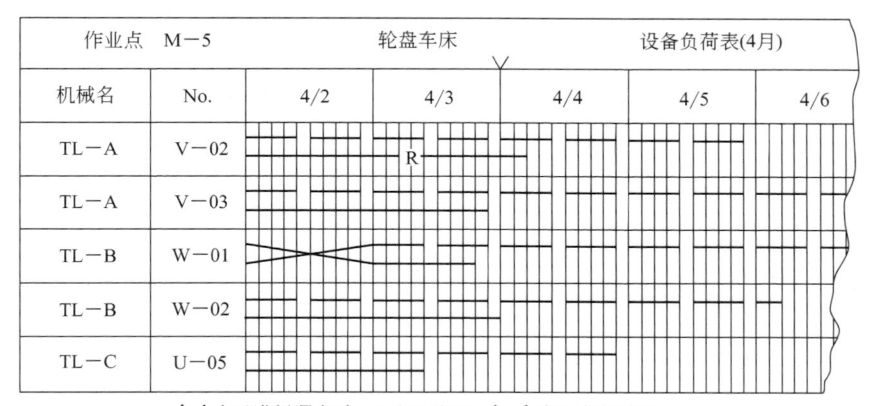

图4.18 一个机加工情况下的甘特图实例

正如4.2.3所述的那样，工序能力与负荷之间的差称为余力。而致力于将这个余力缩小为零，或者尽可能地调整使这个余力不至于过大的活动称为**余力管理**。一般而言，余力用工时来表示，所以余力管理又称为**工时管理**。

余力管理通常按照以下的步骤进行。

① 调查手头现有的工作量（负荷）。

② 调查人、机械、设备、原物料等的现有能力。

③ 计算出余力，当余力值较大时进行调整。

④ 为了实现余力值调整的结果，根据小日程计划来制定预定表。

在余力调整中遇到能力不足时，要采取以下措施：重新进行作业分配、加班、请求其他部门的支援、外协等。遇到能力过大时，要采取增加工作量、对其他部门支援等措施。

在调查作业的余力时，使用图4.19所示的余力调查表或者前面提到的甘特图，用图示的方法表示工作岗位类别、工序类别的负荷与能力。

余力调查不仅仅是在工序控制时起到作用，在接收订单或预测产量等时也作为重要的信息资料使用。

（3）现货管理

当材料在工厂内，被逐次加工而成为产品时，确认某个时间点的现货所在的位置和数量的过程称为**现货管理**。

当计划数量与现货数量之间产生差异时，其产生差异的原因有移动途中现货的变质、破损、丢失、留用、存放位置的改动、单据的误填等。

作为对这些问题的管理方法，采用进度表或台账来记录每日的成品率和不良状况的报告，通过预测与实际的比较，进而定期地实施现货调查（盘点），必要时进行实际数量的盘点。另外，为了进一步充实管理内容，采用明确现货管理的责任人、地点、方法等，认真落实使用现货单[1]等工序之间的产品领取方法，进行容器标准化，进行不良品的确认管理等。

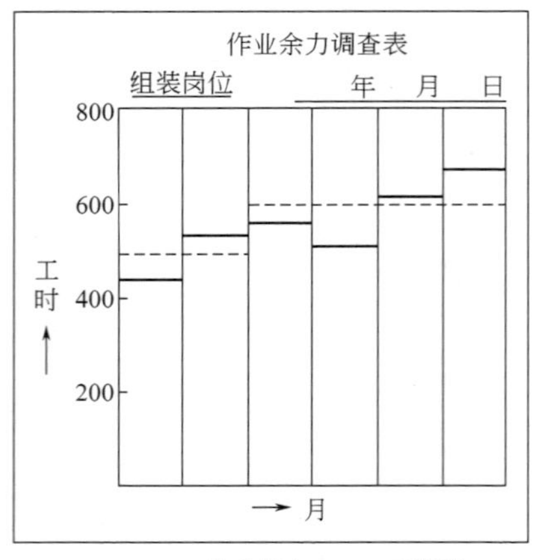

图4.19 作业余力调查表

4.4 PERT

4.4.1 PERT的概念

PERT[2]是制定日程计划的一种方法。其特点是可以事先在全部工序中，找出主要关键作业群，对其优先进行合理化安排，从而使工期缩短。如图4.20所示，将工序中的各作业用箭线的形式表示在网络状的图上来制定计划。

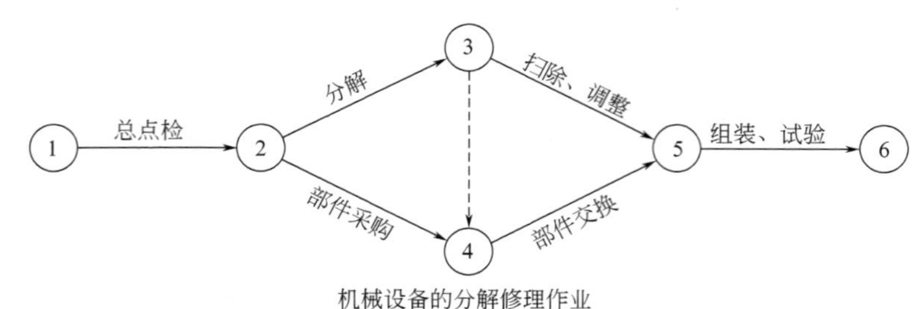

图4.20 用箭线图表示的网络的例子

[1] 现货单，是一直到产品加工完成前，在移动的产品上用曲别针或胶带固定的，可以与其他产品进行区分的票据。其记载内容与传递单相同。

[2] PERT：program evaluation and review technique(计划评审技术)。PERT不仅是工序管理的方法，在经营管理学以外的领域也广泛使用。

PERT方法最早应用于1958年，是由美国海军在建造搭载布拉莫斯导弹的潜水艇时开发出来的方法，根据这个计划方法使原先预测的7年的工期缩短了2年。于是，PERT作为日程计划的有效的方法受到关注，广泛地应用于各种领域。

适用PERT方法的部门，包括工厂建设、工厂设备的配置或检修计划、新产品研发、其他具有复杂关系的作业工序、检修计划、建设工程等。若遇到如布拉莫斯潜水艇建造般的大型项目，作业相当多而又复杂的情况，使用计算机能够进行快速处理。

具体地说，PERT方法预测工序整体包含的作业所需的日数，用后面提到的工作表或是箭线图来表示各个作业的顺序关系，基于各个作业的顺序关系，计算作业开始日期到结束日期。根据计算的日期进行评价和研讨，并能够快速地推进计划，实现作业组合和作业顺序的合理安排。

在这里，我们主要是对作为PERT基本方法的箭线图法的规则和制作方法、应用PRET计算相关日期的基础知识进行讲解。

4.4.2 箭线图的概念

在PERT的图示中所使用的箭线图（arrow diagram）是用**箭线**（arrow）表示**作业**（activity），作业与作业之间用圆圈连接，表示作业先行、后续等顺序关系。这个圆圈称为**结点**（node）或**事件**（events）。

箭线图的图示法如表4.2所示。只是，在表4.2中用A、B等英文字母简化表示作业名。另外，虚作业（dummy activity，虚设作业）是指虚设的作业，箭线用虚线来表示，它不具有作业活动或作业时间，应用于表示作业顺序或条件等场合。

表4.2 箭线图的图示法

区分	图示法	规则说明
先行作业与后续作业	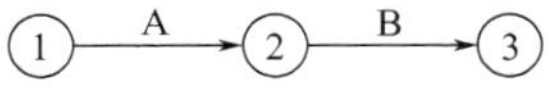 ①—A→②—B→③	对于后面的作业B来说，前面的作业A叫做**先行作业**；对于前面的作业A来说，后面的作业B叫做**后续作业**
结点的顺序	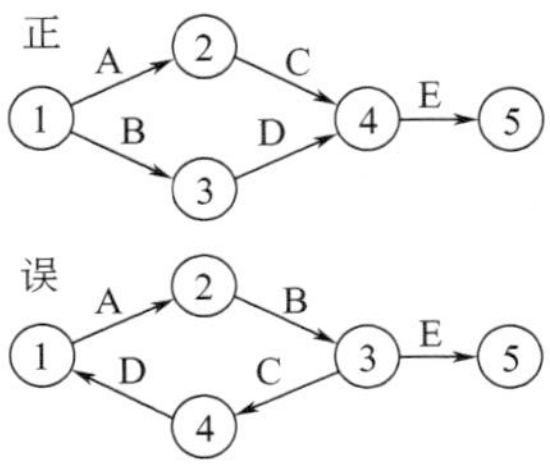 正：①—A→②—C→④，①—B→③—D→④，④—E→⑤ 误：①—A→②—B→③，③—C→④—D→①，③—E→⑤	结点（圆圈）内的顺序应从左向右排列，不能如下面所示的错误图那样，不能有逆向的编号或逆向的路线

续表

<table>
<tr><th colspan="2">区分</th><th>图示法</th><th>规则说明</th></tr>
<tr><td colspan="2">结点的合成</td><td>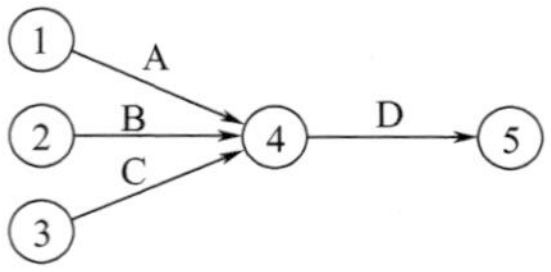</td><td>当先行作业有A、B、C多种作业时，这些作业不全部结束的话，后续作业D就不能开始。结点④表示的就是合成点</td></tr>
<tr><td colspan="2">结点的分解</td><td>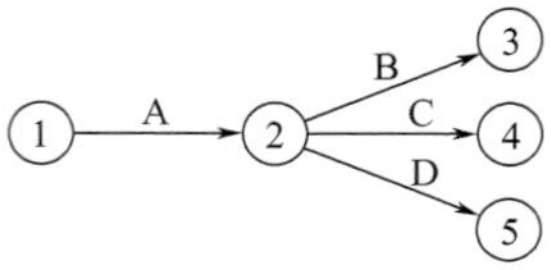</td><td>只要先行作业A结束，后续作业B、C、D就能开始。结点②表示的就是分解点</td></tr>
<tr><td rowspan="2">虚设作业d</td><td>I</td><td>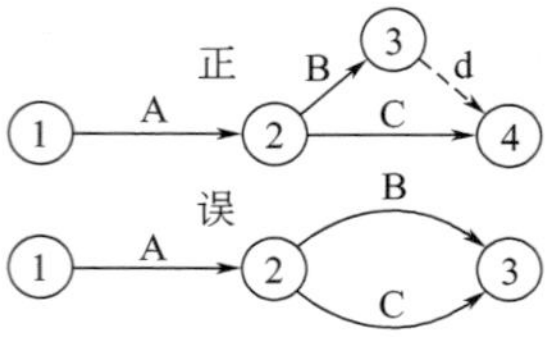</td><td>在一个结点的合成处可以有无数条箭线，但两个相邻结点之间只能有一条箭线。因此，这个场合就应用了图示那样的虚设作业d</td></tr>
<tr><td>II</td><td>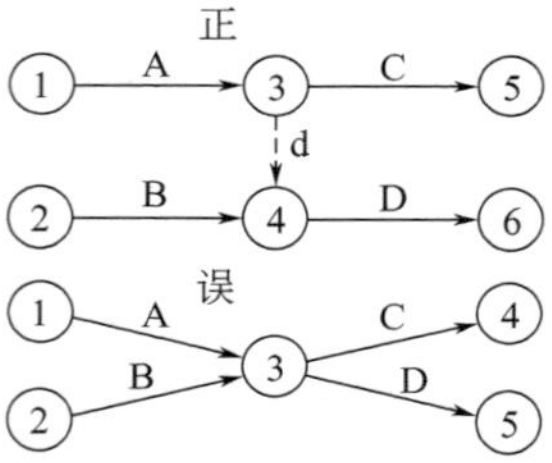</td><td>作业C的先行作业只有A，但作业D的先行作业为A和B的场合，在结点③和④之间应用了如上图所示的虚设作业d。在下面的图中不能明确地区分出作业C、D的不同</td></tr>
</table>

4.4.3 箭线图的绘制方法

（1）编制工作表

工作表是指将由诸多作业组成的一个工作分割成各自独立的作业，明确地记载各作业的前后逻辑关系和作业日期（或时间）而形成的一览表。表4.3是以某机械设备分解修理的作业条件为例表示的工作表，它由六个作业（A ～ F）构成。

此时的工作可表示为下面的关系。

① 作业A表示的是这个工作中最开始的作业。

② 作业B与作业C是在作业A结束时，同时开始的作业。

③ 作业D是在作业B结束时开始的作业。

④ 作业E是在作业B和作业C都结束时才能开始的作业。

⑤ 作业F是在作业D和作业E都结束时才能开始的作业。

表 4.3 作业表

作业名	作业 （编号）	作业 （结点编号）	先行作业	后续作业	所需日数
总点检	A	（1，2）	—	B，C	3
分解	B	（2，3）	A	D，E	5
部件购入	C	（2，4）	A	E	6
扫除、调整	D	（3，5）	B	F	3
部件交换	E	（4，5）	B，C	F	5
组装、试验	F	（5，6）	D，E	—	4

（2）箭线图的组成

根据表4.3中的作业前后逻辑关系，按照下面的步骤就能够组成箭线图（图4.21）。

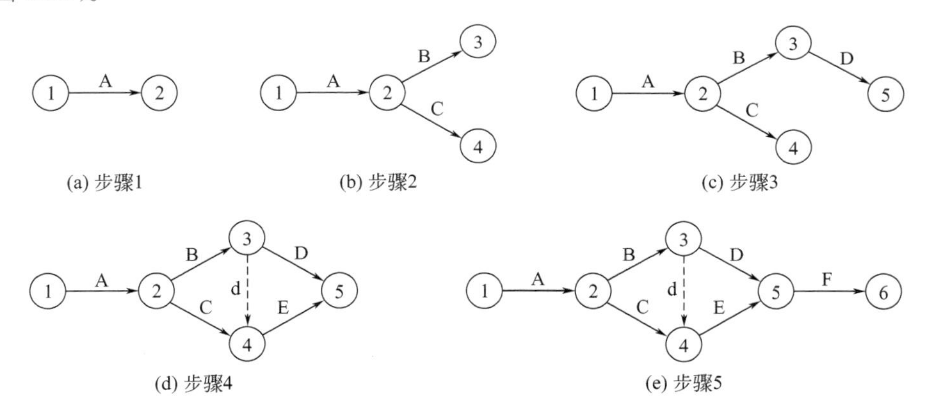

图4.21 箭线图的组成步骤

步骤1：把作业A的箭线的出发点定为结点1，箭头的方向指向结点2。

步骤2：因为作业A在结点2已结束，在结点2处引出分解成作业B和作业C的箭线，箭头的方向指向结点3、结点4。

步骤3：因为作业B已结束，在结点3引出作业D的箭线，箭头的方向指向结点5。

步骤4：因为作业E与作业B和作业C都有关联，所以使用虚设作业d连接结点3和4，在结点4处引出作业E的箭线，箭头的方向指向结点5。

步骤5：从作业D和作业E的合成结点5处引出作业F的箭线，箭头的方向指向结点6，完成所有作业，完成箭线图。

4.4.4 PRET计算

因为作业的进行是以各结点为段落，因此，必须明确各结点进出的日期或时间。

（1）结点最早实现日期

从各结点（圆圈）出发的各项作业最早可能开工日期称为**结点最早实现日期**（以时间为单位时称为**结点最早实现时间**）。在求解这个值的过程中，只要能够算出满足以下两个条件的值就可以。

① 从开始的结点开始，到想要求解的结点的路线，求解这个路线中所包含的各作业所需日数的总和值。

② 当进入结点的路线有几条时，选取各自所需日数总和值中的最大值。

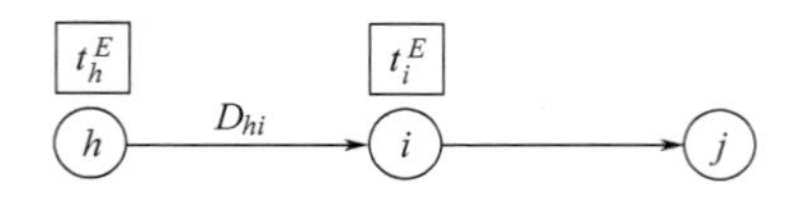

图4.22　结点最早实现日期（t_i^E）

也就是说，可以用公式表示上述项目①，如图4.22所示的那样，用i（i=1，2，…）来表示所想要求解的结点的编号，用h（h=1，2，…；$h<i$）来表示它的前面结点的编号。结点最早实现日期分别设为t_i^E、t_h^E，作业（h，i）的所需日数设为D_{hi}，则t_i^E可用下式表示。

$$t_i^E=t_h^E+D_{hi} \tag{4.1}$$

以这个计算为例，采用表4.3中的数值，经REPT计算的方法算出的结果如图4.23所示。此时，最初的结点1相当于出发点，所以设t_1^E=0，根据式（4.1）得到$t_2^E=t_1^E+D_{12}=0+3=3$，结点3为$t_3^E=t_2^E+D_{23}=3+5=8$。

但是，进入结点4的作业有B与C两个，而这两个的路线1→2→3…→4与1→2→4的各自所需日数计算后为$t_4^E=t_3^E+d=8+0=8$，$t_4^E=t_2^E+D_{24}=3+6=9$。此时，如上述项目2所示，选取最大值为9，这就是结点4的结点最早实现日期。

如图4.23所示的那样，将这些依次加入的日数，记入各结点上方的格子中。

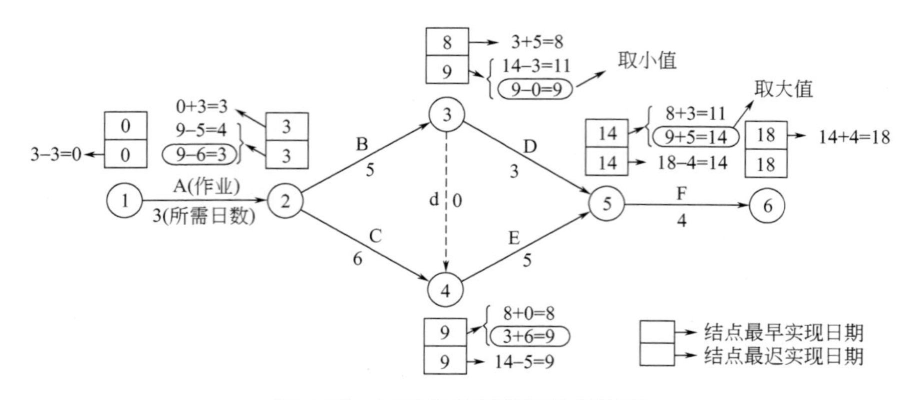

图4.23　展示PERT算法的箭线图

（2）结点最迟实现日期

结点最迟实现日期是指进入该结点（圆圈）的各个作业必须最迟完工的时间，若不完工就将影响后续活动的按时开工，使整个工作不能按期完成。为求出这一日期，要从终点开始依次向开始点追溯计算。

也就是说，只要能够求解出满足以下两个条件的值就可以。

① 从终点的结点的值中，到想要求解的结点的各个作业所需要的日数，依次减去各结合点的所需日数的差值。

② 当离开结点出去的路线有几条时，选取在各自路线中减去各作业所需日数的差值中的最小值。

于是，如图4.24所示的那样，用i来表示想要求解的结点编号，用j（j=1，2，…；$i<j$）来表示它后面结点的编号。结点最迟实现日期分别设为t_i^L、t_j^L，作业（i，j）的所需日数设为D_{ij}，t_i^L可用下式表示。

$$t_i^L=t_j^L-D_{ij} \tag{4.2}$$

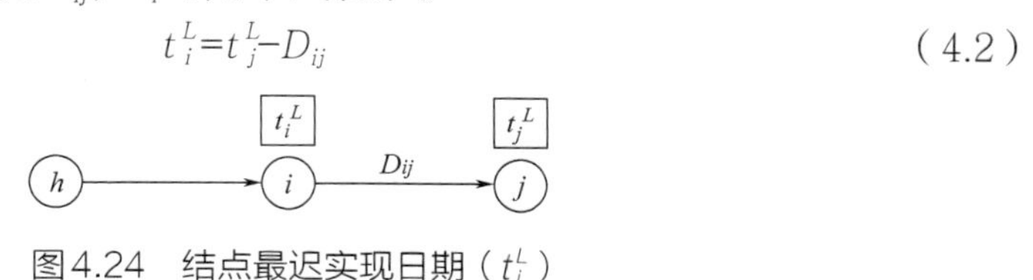

图4.24 结点最迟实现日期（t_i^L）

在图4.23的计算例中，因为最终结点6的所有作业都已结束，所以此时最迟也要结束的日期与最早能够开始的日期必须一致，即$t_6^L=t_6^E$=18，根据式（4.2）得到结点5为$t_5^L=t_6^L-D_{56}$=18−4=14，结点4为$t_4^L=t_5^L-D_{45}$=14−5=9。

但是，在结点3离开出去的作业有D和E两个，将这两个路线计算后为$t_3^L=t_5^L-D_{35}$=14−3=11，$t_3^L=t_4^L$−d=9−0=9。于是，从11日和9日中选取最小值为9，这个日数就是结点3的结点最迟实现日期。

像这样依次减去日数，记入各结合点上方的格子中，如图4.23所示。

图4.25（a）就是将上述过程整理后的图，如果用甘特图表示这个箭线图，则为图4.25（b）、（c）。

也就是说，由甘特图可知，如果图4.25（b）的最早开始→最早结束属于4.2.3中的顺时针负荷法，则图4.25（c）的最迟开始→最迟结束就属于逆时针负荷法的制定方法。

（3）最早开工日期与最早完工日期

各作业的最早可能开始的日期称为最早开工日期。从最早开工日期加上其作业时间，就是其可能完工的最早日期，称为最早完工日期。

作业（i，j）的最早开始与最早结束的两个日期，可利用下式来求解。

最早开工日期（ES）=最早结合点实现日期=t_i^E

最早完工日期（EF）=最早结合点实现日期+作业的所需日数=$t_i^E+D_{ij}$

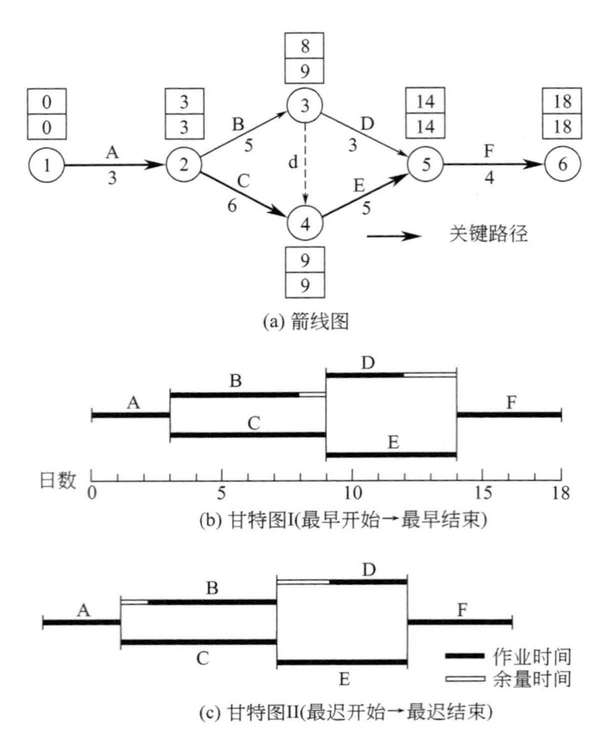

(a) 箭线图

(b) 甘特图I(最早开始→最早结束)

(c) 甘特图II(最迟开始→最迟结束)

图4.25　箭线图和甘特图

例如在图4.23中，设作业A的最早开工日期为0，则作业A的最早完工日期为0+3=3日，在作业B中，开始日程为3日而最早结束日期为3+5=8日，以下，依此进行求解，其结果如表4.4所示。

表4.4　PERT计算的总结

作业		所需日数 D	最早开工日期 ES	最早完工日期 EF	最迟开工日期 LS	最迟完工日期 LF	总余量天数 TF	关键路线 CP
结点编号	编号							
(1，2)	A	3	0	3	0	3	0	√
(2，3)	B	5	3	8	4	9	1	
(2，4)	C	6	3	9	3	9	0	√
(3，5)	D	3	8	11	11	14	3	
(4，5)	E	5	9	14	9	14	0	√
(5，6)	F	4	14	18	14	18	0	√

（4）最迟开工日期与最迟完工日期

为了不影响后续作业的如期开工，而最迟必须开工的日期称为最迟开工日期。最迟开工时间加上作业时间，就是其最迟完工日期。这种作业（i，j）的两个日期可根据下式求解。

最迟开工日期（LS）=结点最迟实现日期－作业所需的日数=$t_j^L-D_{ij}$

最迟完工日期（LF）=结点最迟实现日期=t_j^L

例如，在图4.23中，A作业的最迟开工日期为3−3=0，则A作业的最迟完工日期为3日，B作业的最迟开工日期为9−5=4日而最迟完工日期为9日。同样依次求解下去的结果，如表4.4所示。

（5）余量天数

在图4.25（a）所示的箭线图中，进入结点4的路线有1→2→3⋯→4与1→2→4两种。这些路线所需要的日数为A+B=3+5=8与A+C=3+6=9，其差距为9−8=1。在结点4中，因为结点4需要作业B和作业C同时开始作业，所以作业B就有了1日的余量［图4.25（b）、（c）］。这个1日称为**余量天数**。

余量天数中，用下式求**总余量天数**，即这个作业的整体余量。

总余量天数（TF）=最迟完工日期（LF）−最早完工日期（EF）=$t_j^L-t_i^E-D_{ij}$

例如，以作业B的场合为例的计算中，求解出的总余量天数=9−8=1日。余量天数还有在总余量天数内与其他作业不相关的自由余量（EF）和与其他作业相关的干涉余量（IF）。

（6）关键路线

在箭线图中，总余量天数全部为零的作业路线称为**关键路线**（critical path）。在表4.4中，标记“√”的作业路线就是关键路线，在图4.25（a）中，用粗线连接结点的1→2→4→5→6路线就为关键路线。在箭线图中，这个关键路线是连接开始点和终点中花费时间最多的路线。根据这个长度来决定工期，所以工期的缩短是通过缩短关键路线中作业所需的日数来实现。

习题

习题4.1　在车削加工某车轴部件的时候，若标准工时为2h，1个月生产500件产品的话，求需要使用几台车床？在这里，设1天的实际工作时间为8h，1个月的实际工作日数为25日，不合格产品率为5%，机械故障率为10%。

习题4.2　在下图所示的箭线图中，从结点6开始的作业G在作业____、____、____、____没有全部完成的情况下不能开始。（将适当的作业编号填写在横线“____”上。）

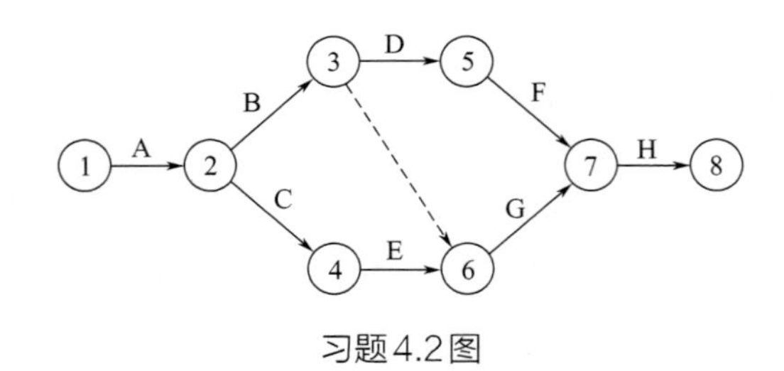

习题4.2图

习题4.3　在下图所示的箭线图中，求结点最早实现日期（t_i^E），并记入图中的方格内，用粗线表示出关键路线（CP）。

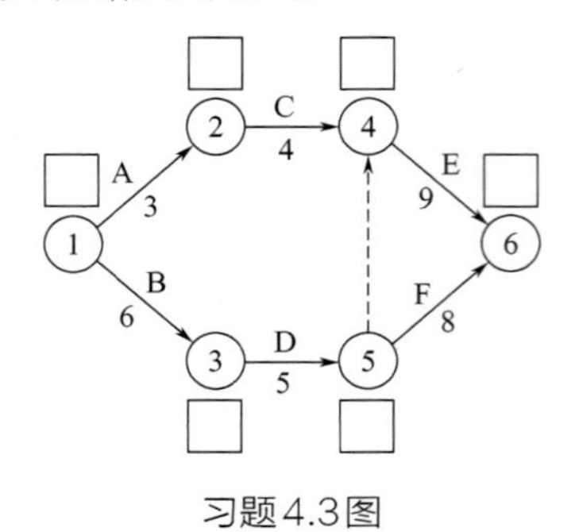

习题4.3图

第5章

作业分析

5.1 作业分析的概念

作业分析是指科学地分析作业过程，去除不需要的动作，缩短工作时间，减少作业人员的疲劳，以提高产品的质量和产量为目的，寻求最适宜的作业方法。换句话说就是获取标准作业的分析方法。更进一步将工具与设备、作业方法、作业条件等标准化，根据标准作业方法进行培训，由此来确定这种状态下作业的标准时间。有组织地对上述内容进行的分析就称为**作业分析**。

作业分析方法不仅在现场作业合理化方面起到促进的作用，还应用于全面的生产管理中，另外，还能广泛地应用于人类活动所涉及的所有领域。

作业分析可分为方法分析和时间分析，方法分析又可分为工序分析和动作分析。

5.2 工序分析

5.2.1 工序分析的概念

工序分析是指按各工序来分析生产的现状，以物品的流动为中心，全面调查分析作业的组织体系的过程。工序分析的目的如下。

① 分析物品的流动顺序，改善物品的流程。

② 确定工序的分配方法以及排列顺序是否恰当。

③ 进行作业方法以及设备的改进活动。

④ 获得标准工序的资料。

5.2.2 工序分析的方法

根据工序的要素类别来分析从原材料搬入工厂使之成为产品的物品流动过程，调查分析物品流动过程所涉及的事项以及相互关系称为**工序分析**。

工序根据其性质可划分为加工、搬运、存储、停滞以及检查。而停滞可以分为存储与停留，检查可以分为数量检查与质量检查。

如此，产品的生产工序按照上述的要素类别进行划分时，将这些被划分的各工序称为要素工序。

将上述这些要素工序进行符号化就是工序图符号，如表5.1所示。在JIS标准中规定了基本图符号和辅助符号。使用这些符号来绘制工序图，就能清晰地了解工序分析的结果。在更详细地分析工序时，还使用了细节符号。在这种场合下，组合基本图符号所构成的符号称为复合符号，其图示法是将主要的基本单元工序表示在外侧，从属的基本单元工序表示在内侧。

表 5.1 工序图符号

（a）基本图符号（JIS Z 8206：1982）

要素工序	符号的名称	符号	意义
加工	加工	○	表示原料、材料、零部件或产品的形状、性质产生变化的过程
搬运	搬运	○	表示原料、材料、零部件或产品的位置产生变化的过程。搬运符号的大小是加工符号的 1/3 ～ 1/2，也可以使用⇒代替○
停滞	存储	▽	表示按计划存储原料、材料、零部件或产品的过程
	滞留		表示原料、材料、零部件或产品违反计划滞留的状态
检查	数量检查	□	表示对原料、材料、零部件或产品的量值或者个数的检测，将检测的结果与标准比较，得出差异的过程
	质量检查	◇	表示对原料、材料、零部件或产品的质量特性进行试验测量，将检测的结果与标准比较，得出批次的合格与不合格或者单件的良品与不良品的判定过程

（b）细节符号

符号	意义
	在加工过程中进行质量检查
	以加工为主，但也进行搬运
Ⓟ	用管道进行输送
	用叉车进行搬运
△	原料或材料的存储
▽	成品零件或产品的存储
	工序间的临时保存
	加工过程中的临时停留
	以数量检查为主，但也进行质量检查
	数量检查过程中的返工
	以质量检查为主，但也进行数量检查
	质量检查过程中的返工

（c）辅助符号（JIS Z 8206）

符号的名称	符号	意义
流程线	│	当顺序关系难以理解时，在流程线的端部或中部用箭头明确线的方向。流程线的交叉部位用 表示
区分	〰	表示对于工序系列管理上的区分
省略	═	表示工序系列上的一部分被省略

另外，在工序图中，分别用存储符号表示工序流程的开始状态和结束状态，工序流程原则上以纵向图表示。

图 5.1 就是使用工序图符号的工序分析的例子。

工序分析的方法有很多种类型，本书仅讲述下面两种常用的方法。

（1）工序路径图

按照加工、搬运、检查、停滞四种类型要素划分产品或零件的流程，将这些要素在各工序中出现的状态用图5.2所示的**工序路径图**来表示，通过工序路径图，进行具体分析和讨论。

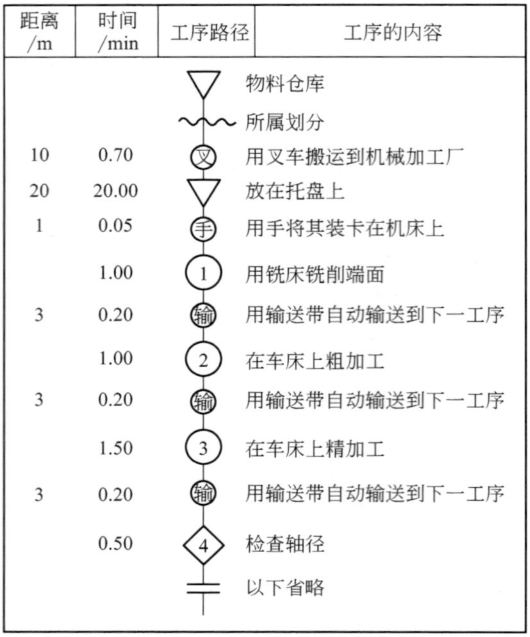

距离/m	时间/min	工序路径	工序的内容
		▽	物料仓库
		～	所属划分
10	0.70	叉	用叉车搬运到机械加工厂
20	20.00	▽	放在托盘上
1	0.05	手	用手将其装卡在机床上
	1.00	1	用铣床铣削端面
3	0.20	输	用输送带自动输送到下一工序
	1.00	2	在车床上粗加工
3	0.20	输	用输送带自动输送到下一工序
	1.50	3	在车床上精加工
3	0.20	输	用输送带自动输送到下一工序
	0.50	◇4	检查轴径
		＝	以下省略

注：加工与检查符号内的数字表示要素工序的顺序编号。

图5.1　使用工序图符号的工序分析的例子

根据分析目的不同，工序路径图可分为以下两种：

① 以材料为主的场合　适用于大批量生产中的组装或零件加工等的场合。

② 以人为主的场合　适用于巡查保全或搬运作业的场合。

（2）流程图

在工厂内或者车间之间，将机械设备的配置和工序顺序用图5.3所示的**流程图**表示，以此来分析材料以及零件等通过何种路径进行流转。有时还需要既能表示物品在平面内流转，也能表示物品进行上下移动的空间作业流程图。应在比较分析的基础上采用最合理的流程图。

当决定具体的配置方法时，可使用型板代替机械设备直接填写在缩小的厂房建筑物的平面图中，进行比例配置，分析物品的最佳流动路径；有时也可以使用缩小的模型，以最接近实物的状态进行立体分析。

必须特别注意如下事项的分析。

① 因为材料在流转的过程中存在交叉、逆行以及混杂等现象，所以在各工序上是否有废止、合并、顺序变更的必要。

② 各工序之间的连接是否存在着距离、时间上的浪费。

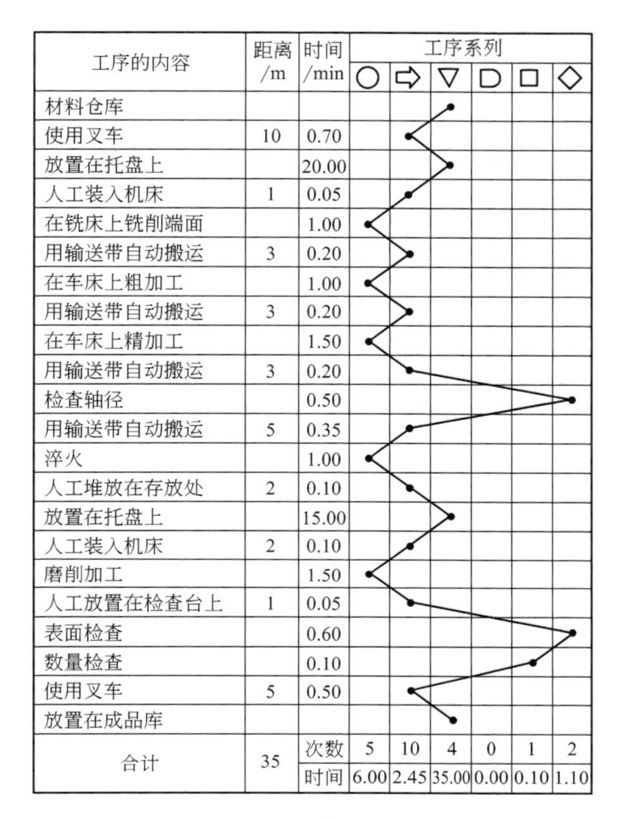

工序的内容	距离/m	时间/min	工序系列					
			○	⇨	▽	D	□	◇
材料仓库								
使用叉车	10	0.70						
放置在托盘上		20.00						
人工装入机床	1	0.05						
在铣床上铣削端面		1.00						
用输送带自动搬运	3	0.20						
在车床上粗加工		1.00						
用输送带自动搬运	3	0.20						
在车床上精加工		1.50						
用输送带自动搬运	3	0.20						
检查轴径		0.50						
用输送带自动搬运	5	0.35						
淬火		1.00						
人工堆放在存放处	2	0.10						
放置在托盘上		15.00						
人工装入机床	2	0.10						
磨削加工		1.50						
人工放置在检查台上	1	0.05						
表面检查		0.60						
数量检查		0.10						
使用叉车	5	0.50						
放置在成品库								
合计	35	次数	5	10	4	0	1	2
		时间	6.00	2.45	35.00	0.00	0.10	1.10

图5.2　工序路径图（以车轴工序为例）

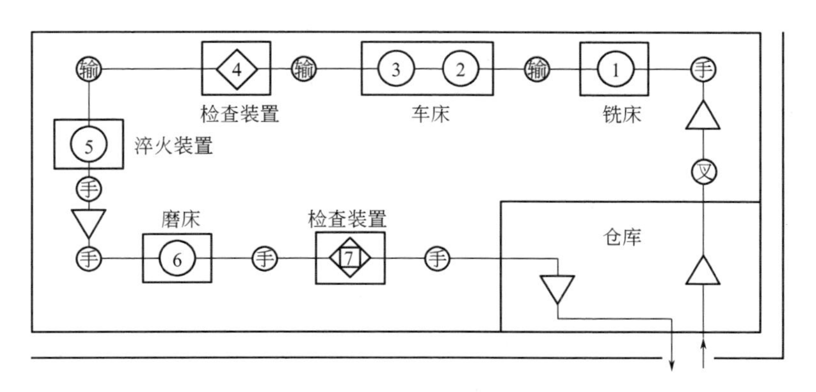

图5.3　流程图

③ 加工、搬运、保管、检查的方法是否适宜。

5.2.3 流水作业

（1）流水作业的概念

详细分解加工过程，根据生产作业的顺序来配备机器、设备及人员，以一定的流动节拍进行生产的作业方式称为**流水作业**或者**流水线生产方式**。

在编制流水作业的生产流程时，需要注意的问题如下。

① 分析作业过程，以调整各工序的组合和顺序，使各工序的作业时间大致一致。在生产线方式中将工序称为工位（作业）。

② 流程尽可能简单直线化，避免出现交叉的流程。

③ 适当配置指导、调整以及顶替作业人员。

（2）流水作业的类型

生产线根据物品的流动方式不同有如下几种类型。

① 手动输送方式　手动输送方式是通过人工将加工或者组装完成的物品输送到下一个工位的方式。手动输送方式主要应用于小物品的小批量生产作业等。

② 节拍生产方式（tact system）　节拍生产方式是把整个生产流程用工序的同一作业的时间来区分，物品或者作业人员每隔一定的时间就一起向下一个工位移动。于是，在移动过程中作业被中断。物品的移动使用输送带或者其他搬运设备。节拍生产方式主要应用于重物或者体积大的物品且中小批生产的场合。

③ 输送带方式（conveyor system）　输送带方式是在整个生产过程中使用输送带进行物品的连续搬运，在其输送的过程中，作业人员进行各自所承担的作业。输送带方式最适合大批量生产。除了一般常用的带式输送以外，输送带方式还有板式输送带、托盘式输送带、吊运式输送带等。

（3）流水作业的优点和缺点

流水作业常用于大批量生产的场合，其优点和缺点归纳如下。

① 优点

a. 因为是标准化的作业，减少了质量的波动，生产量和作业时间大致成正比。

b. 搬运的距离和时间因物品的流动而缩短，减少了**半成品**，缩短了生产周期。半成品是指经过一定生产过程并已检验合格，但尚未制造完工成为产品的中间产品。

c. 由于能分解成简单的作业，加快了操作所需要技能的掌握和熟练过程。

d. 使用的设备以及机器能够专业化或者简单化，提高了生产效率。

e. 这种方式与其他生产方式相比，工序管理容易实施。

② 缺点

a. 不适用于非标产品。

b. 当作业人员、设备、机器等发生缺陷时，会降低整体的作业效率。

c. 当产品的需求萎靡时，生产能力的利用率降低，生产成本增加。

d. 由于各工序都是单纯地遵循一定的作业程序进行，容易造成操作人员腻烦及疲劳。

e. 当产品的类型或设计有变更时，调整设备及机器要花费较多的时间和费用。

（4）流水作业的编制

① 间隔时间（pitch time） 在流水作业中，加工1个生产单位的产品或零件所需要的时间称为**间隔时间**［或**节拍时间**（tact time）或**循环时间**（cycle time）］。在这种生产方式的场合，由于流水作业线是由多个工序组成的，所以需要将各工序的作业时间调整为大致相等。但是，实际上使作业时间完全一致是难以实现的，所以将各工序中的最大作业时间设为间隔时间，用下式求解。

$$\text{间隔时间}=\frac{\text{1天的实际工作时间}}{\text{1天的预定生产量}}=\frac{\text{流水线的长度}}{\text{流动速度}\times\text{工序数}}$$

在这里，实际工作时间是指劳动时间减去休息时间后所得到的剩余时间，预定生产量是指包含不合格产品在内的数量。例如，若1天的劳动时间为8h、午休为1h、上午和下午的休息时间各为10min、预定生产量为200个，则间隔时间为：

$$\text{间隔时间}=\frac{(60\times8)-[(60\times1)+(10\times2)]}{200}=\frac{480-80}{200}=2\ (\text{min})$$

为确定各工序的作业时间，由上式求出的间隔时间减去疲劳以及作业等相应的剩余时间的差值，使用间隔时间×（1-宽放率）进行求解。通常在小物品的场合，宽放率在输送带方式时为10% ～ 20%、人工输送方式时为20% ～ 25%。因此，若上述例题的宽放率为10%，则有：

$$\text{各工序的作业时间}=2\times(1-0.1)=1.8\ (\text{min})$$

各工序的作业时间为1.8min。各工序必须以这一作业时间为目标进行作业量的编制。

② 生产线的平衡（line balancing） 在流水作业中，尽可能均匀划分各作业工序，减少各工序作业时间波动度的编制计划称为**生产线平衡**。

改善波动度时，如图5.4所示，按照波动度→测定→改善的顺序不断重复，逐渐编制成消除波动度的流水作业。

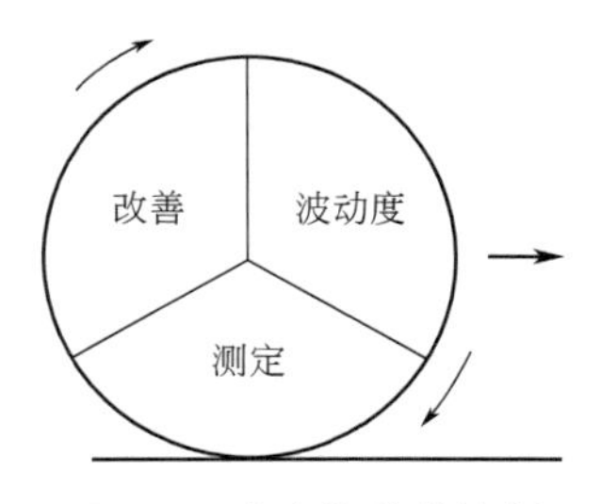

图5.4 流水作业的编制

图5.5表示了流水作业中各工序的作业时间和间隔时间之间的关系，将这种图称为**间隔曲线**（pitch diagram）。图中的斜线部分称为**平衡损耗**（balance loss）或**平衡损失**，表示整体的流水作业产生了何种程度的时间浪费。**平衡损失率**（%）可用下式求解。

$$平衡损失率=\frac{nt-T}{nt}\times 100\%$$

式中　T——包含各工序宽放时间的作业时间的总和；

t——间隔时间；

n——工序数或者从业人数。

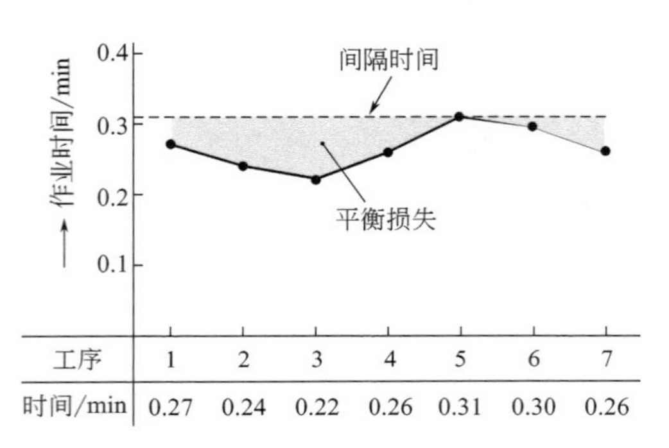

工序	1	2	3	4	5	6	7
时间/min	0.27	0.24	0.22	0.26	0.31	0.30	0.26

图5.5　间隔曲线的实例

用图5.5所示的数值，根据上式计算间隔曲线的平衡损失率，则计算结果如下。

$$平衡损失率=\frac{(7\times 0.31)-(0.27+0.24+0.22+0.26+0.31+0.30+0.26)}{7\times 0.31}\times 100\%$$

$$=14.3\%$$

平衡损失率越小越好。为了减少平衡损失，需要考虑作业方法的改善、编制人员的增减、生产线外作业的充分性等。

另外，将“1-平衡损失率”称为**生产线平衡效率**或者**生产线编成效率**等，作为表示生产线的生产效率指标使用。

5.3　自动化

5.3.1　自动化的概念

作业人员伴随着流水作业线进行作业，但随着控制装置和计算机的发展，采用机械以及装置取代了人们所具有的肉体劳动和脑力劳动所进行的生产。

如此一来，将使用机械以及装置代替人类进行劳动，自动地实施操作、调整、处理、控制的方式称为自动化（automation），自动化可进一步提高生产效率和经济效益。

5.3.2 自动化的类型

按照自动化应用的领域不同进行划分，有机械自动化、过程自动化、工厂自动化，在办公领域有办公自动化等。

（1）机械自动化

将加工、组装、检查、搬运等的工序采用机械化以及自动化的生产方式称为**机械自动化**（mechanical automation），机械自动化以汽车工业为主，在进行大批量生产的机械工业、电器工业、精密工业等中广泛使用。

将组合的自动化机床和输送带的一系列设备所构成的装置称为**自动生产线**（transfer machine）。自动生产线是将多台专用的自动机床按照加工顺序进行布置，工件被放置在输送带上，使加工时间大致相同，以便于每隔一定的时间进行输送，自动地进行各种加工。完全自动的生产线是除加工以外，工件的装卸、加工尺寸的检查、刀具位置的校正也都实行自动化。

（2）过程自动化

在以装置为主体进行生产的工业生产过程中，将操作、处理、监视、检测、控制等都采用自动化的生产方式称为**过程自动化**（process automation）。在石油精炼、化学、炼铁、发电等工业中通过设置装置，用于对液体、气体、粉末等进行物理的、化学的处理。

如果将工厂的全部生产过程进行程序化处理，就能根据计算机的指令进行工厂的生产运营。

（3）工厂自动化

运用工业机器人以及数控（numerical control，NC）机床进行自动化生产称为**工厂自动化**（factory automation，FA）。如果将这种自动化程度继续扩展下来，最终就变为无人工厂。工厂自动化是在计算机的控制下，使用无人搬运车将工件从自动仓库输送到工作台，在摄像机监控的同时，用工业机器人完成在机床上装夹以及拆卸工件，并向下一个工位进行搬运等的全部作业。

还有一种形式的FA系统称为**柔性制造系统**（flexible manufacturing system，FMS），柔性制造系统具有小批量生产多品种产品的灵活性，在推广工厂自动化中起到重要作用，而且能适应大批量生产同一品种产品的自动生产线。

另外，由于工业机器人能适应高温、高湿度、危险环境中的作业以及单纯重复的作业等，而且能得到稳定的产品质量和产量，在提高生产效率、多品种产品的生产等方面可发挥极大的作用，所以在生产的自动化中被大量应用。

数控机床是数字控制机床的简称，这是将作业的命令用数值的形式记忆在符号化的程序中，配置自动控制装置，自动地完成位置确定和切削等作业。最近，在数控机床中自备计算机的CNC（computer NC）以及中心的信息系统能对多台机床直接下达生产命令、监视、控制的**DNC**（direct NC）成为主流的设备。信息系统除加工之外，也被应用于制图、检查等。

在数控机床中配备能完成工件和刀具自动交换装置的机床称为**加工中心**（machining center，MC）。加工中心能够连续自动地进行铣削、钻削、镗削、扩孔等多种加工。

（4）办公自动化

利用信息系统进行的事务以及管理事务等文件和资料的保存、阅览、命令、传达，从而提高办公效率，称为办公自动化（office automation，OA）。随着计算机的发展，由于能够非常迅速地处理复杂的计算和分析等，事务处理的效率得以提高。

5.4 动作分析

5.4.1 动作分析的概念

动作分析是指详细调查与分析作业人员所进行的作业动作，消除不合理、多余以及无用的动作，减少作业人员疲劳，节约时间，探讨高效、合理的作业方法，研究制定的标准作业方法。

美国的吉尔布雷斯（Gilbreth）夫妇将人类的动作总结归纳成18种基本单元，将其称为基本动作要素（therblig），并将各种动作按照这些要素进行分解，然后遵循自行开发的**动作经济原则**，删除多余的动作，在改善工具与设备的同时，追求最佳的作业方法。

在这之后，人们针对动作分析进行了各种研究。最近，录像分析、PTS等分析法也被采用。

5.4.2 基本动作要素分析

基本动作要素分析是一边用眼睛观察作业人员的动作，一边进行分析的方法。采用表5.2所示的**基本动作要素符号**，进行分析及记录。

18个基本动作要素可以分为3大类，第1类是完成工作所必须的要素，第2类是辅助必要动作的要素，第3类是对工作无益的要素。因此，在动作改善中，把重点放在第2类和第3类上。首先，第3类要素是通过保持夹具在作业范围内的配置与动作顺序的替换等就能去除，对于第2类要素，通过改善物体放置方法等，可能可以减少某些动作。

表 5.2 基本动作要素的符号

分类	序号	名称	基本动作要素符号		例（取桌子上的笔写字）
			符号	说明	
第1类	1	空手移动	[illegible]	形似空盘子	手伸向笔
	2	抓取	∩	形似用手抓物体	抓笔
	3	移物	[illegible]	形似盘子上放有物品	拿来笔
	4	定位	9	形似物品放在手指尖上	书写起来容易那样的握笔
	5	组合	#	形似相互组合	盖上笔帽
	6	分解	++	形似从组合上取下1个	取下笔帽
	7	使用	U	形似英文use的大写首字母	写字（使用笔）
	8	放手	[illegible]	形似倒放的盘子	放下笔
	9	调查	0	形似镜片	调查字的差异
第2类	10	寻找	[illegible]	形似用眼睛寻找物品	寻找笔在哪里呢
	11	找出	[illegible]	形似用眼睛找到物品	找到笔
	12	选择	→	形似指示选择的物品	选择适宜的笔
	13	考虑	[illegible]	形似将手放在头上思考	考虑写什么样的字
	14	准备	8	形似保龄球瓶	使用后的笔放在笔架上
第3类	15	保持	[illegible]	形似磁铁吸引铁片	拿着笔
	16	不可避免的等待	[illegible]	形似人被绊倒	因停电不能写字
	17	可以避免的等待	[illegible]	形似人睡觉	观望他处不写字
	18	休息	[illegible]	形似人坐在椅子上	因疲劳而休息

图5.6表示的是采用基本动作要素进行作业动作分析的例子。

基本动作要素在较短的周期内，对高度重复的作业改善有效果，由于基本动作要素几乎都是1s以内的瞬间动作，所以除了目视分析之外，使用录像分析会有更好的效果。

作业名	螺栓和 螺母的旋合
图号No.	
场所	实验室
作业者	
日期	
备注	

螺母 螺栓

使用设备

作业者

序号	左手		基本动作要素			右手
	要素作业	动作要素	左手	眼睛	右手	动作要素
1	各取1个螺栓、螺母	伸出手				伸出手
		抓取螺母				抓取螺栓
		拿到手边				保持调整螺栓垂直状态
		等待				拿到手边
2	组合螺栓、螺母	拿住螺母				旋合螺栓
						手离开螺栓
3	放置在所定的场所	把旋合后的螺栓移动到桌子上				手缩回原处
		把旋合后的螺栓放置在桌子上				等待
		手缩回原处				

图5.6　使用基本动作要素进行作业动作分析的例子

5.4.3　录像分析

录像分析是使用录像机（video recorder）进行分析的方法。录像分析具有再现性，而且容易实现长时间的自动观测，具有进给速度准确、重放画面时测定精度高等许多优点。

基于**录像**进行作业分析有以下几种方法。

（1）视频微动（video micromotion）

视频微动是使用能慢速重放或者快速重放的录像机以及能够进行动画播放的计算机，深入分析动作的作业分析方法。录像通常以每秒29.97帧（幅）的速度进行拍摄，连续记录的时间为60 ~ 120min，能准确地测定动作路径的长度和快速动作的时间。为了深入分析，用每秒59.94帧（幅）的速度记录，通过帧数的计数就能够实现微小时间的分析。

（2）视频记忆（video memomotion）

视频记忆是长时间使用录像机，用比标准速度慢的速度进行拍摄，缩短重放的时间再现动作的作业分析方法。录像的记录速度使用标准速度的1/10、1/20、1/40、1/80的缓慢速度，若设定标准速度的记录时间为60min，连续记录时间就为10 ~ 18h。

视频记忆是用快于记录的速度进行重放，能在短时间内观察一系列作业的整体流程，强调了动作的特征，容易发现异常状态。

（3）视频讨论（video discussion）

视频讨论是以需要改善的作业为对象所进行的拍摄，集体观看重放的录像的画面，同时采取头脑风暴法（brain storming）相互激励提出意见，推进改善作业的行动方法。视频讨论方法的目的在于采用直接再现现场状态的动画重放功能和多人参与讨论的方法相互结合，实现综合的判断和创造力爆发的效果。

头脑风暴就是“在大脑中引发风暴”，在畅所欲言自由地提出想法和意见、归纳总结的会议上，实行“头脑风暴”时要遵循的规律有：不评判发言、发言越多越好（在数量中产生质量）、任何发言都允许、在他人的提案上补充自己的思路继续进行改善等。

5.4.4 动作经济原则

动作经济原则是收集由动作分析提出的动作改善方法，进行整理之后，形成最佳的作业方法和环境。动作经济原则是由吉尔布雷斯提出，经过数名专家研究归纳而成，能够作为改善作业的基本指导手册来使用。

（1）关于肢体的使用原则

① 双手同时开始并同时结束动作。

② 双手同时向左右对称的方向移动。

③ 除休息时间之外，双手不能同时空闲。

④ 动作用最适宜的身体部位进行，尽量用手指、手腕等做幅度小的动作。

⑤ 下落、投掷、转动、弹跳等要利用重力、惯性、自然力。

⑥ 要避开急速的改变方向的“Z”字形运动，尽量做连续曲线状的圆滑动作。

⑦ 动作在自然的姿势中，进行有节奏的作业。

⑧ 用脚与左手能完成的动作，不使用右手。

⑨ 作业在正常的范围（参照图 5.7）内进行。

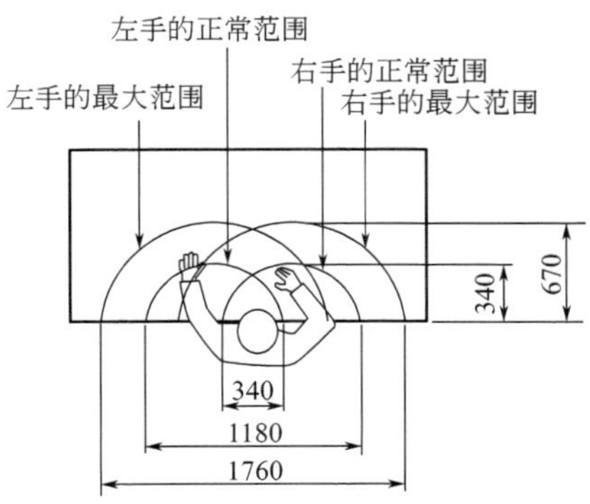

图5.7 作业的范围图

（2）关于作业岗位的配置原则

① 工具及材料放置在作业人员的手能拿取范围内的固定地点。

② 工具及材料按作业顺序放置成容易拿取的状态。

③ 材料的供给和搬运尽可能利用物体的重力，例如使用滑槽（重力送料器）等。

④ 不妨碍作业的前提下，尽量缩小作业范围。

⑤ 作业台、椅子等要适合作业人员的体型，采用最不易疲劳的高度与形状。

⑥ 给予满足作业要求的照明、温度、湿度、通风。

⑦ 双手位于能同时动作的位置。

（3）关于工夹具与设备的设计原则

① 两个以上的工具合并为一个工具，如双头扳手等。

② 机器或设备的操作应能有效地使用脚，以减轻手的负担。

③ 机器的操作位置要放置在不改变身体的位置和姿势就能够操作的位置。

④ 方向盘或手柄的手握部位要尽可能设计成易于手掌张开接触和方便抓握的形状。

⑤ 需要长时间保持一个位置时，要使用固定的工装夹具。

⑥ 要利用容易拿取的材料或零件的容器或器具。

⑦ 机器的移动方向应与操作方向相同。

5.5 时间分析

5.5.1 时间分析的概念

时间分析是指在采用动作分析所获得的标准作业方法进行作业的场合，将作业分解成适当的要素（要素作业），测定这些要素作业所需要的时间的分析方法。

利用这种方法所求得的时间值将作为重要资料用于下述标准时间的设定中。

5.5.2 标准时间的设定

（1）标准时间的概念

标准时间是指已经适应了某项工作的熟练作业人员在既定的作业方法和条件下，且有必要的休息时间，以正常的作业速度完成工作所需要的作业时间。

（2）标准时间的使用目的

标准时间有如下所述的各种各样的使用目的。

① 确定作业人员的工作量（1日的平均作业量）。

② 设定工序管理的基准日程。

③ 作业人员和机械设备等所需数量的计算和配置计划。

④ 作业方法的比较、作业方法的改善和生产效率的测定。

⑤ 工资率（单位劳动的产出）的确定和成本估算的基础资料。

（3）标准时间的组成

标准时间的组成如表5.3所示。

具体地说，标准时间＝主体作业时间＋准备阶段的作业时间。

宽放时间如表5.3所示，可分为作业宽放、岗位宽放、生理宽放、疲劳宽放等，但这些宽放通常都是用与有效作业时间的比值，就是说用宽放率（宽放时间÷有效作业时间）给出。于是，上式的主体作业时间可用下式表示。

$$\begin{aligned}\text{主体作业时间} &= \text{有效作业时间} + \text{宽放时间} \\ &= \text{有效作业时间} \times (1+\text{宽放率})\end{aligned} \tag{5.1}$$

此处宽放率是将各种宽放率相加所获得的综合宽放率。

表5.3 标准时间的组成

<table>
<tr><td rowspan="4">标准时间</td><td rowspan="2">主体作业时间</td><td>有效作业时间</td><td>主作业时间
付随作业时间</td><td>机械自动搬运作业、机械操作作业、手工作业（组装作业）
往机械上安装材料以及拆卸作业等</td></tr>
<tr><td>宽放时间</td><td>作业宽放
岗位宽放
生理宽放
疲劳宽放
综合宽放时间</td><td>工具的更换、注油、扫除、机械调整（3% ~ 5%）
等待材料和工具，等待吊车、联络、整顿（3% ~ 5%）
擦汗、喝水、上洗手间（2% ~ 5%）
休息（重体力作业30%、中等体力作业20%、轻体力作业10%）
机械自动搬运作业（10%）、机械操作作业（20%）、手工作业（25%）</td></tr>
<tr><td rowspan="2">准备阶段的作业时间</td><td colspan="2">准备的有效时间</td><td>作业、部件和物料、工装等的准备，整理</td></tr>
<tr><td colspan="2">宽放时间</td><td>主要为疲劳宽放</td></tr>
</table>

注：括号内是宽放率的例子。

5.5.3 有效作业时间的确定方法

进行时间分析确定**有效作业时间**，有如下两种方法。

① 采用直接测定作业人员的作业的方法：直接观测法；作业抽样等。

② 综合事先用实验和经验获得的资料进行计算的方法：PTS法；标准资料法；实绩资料法。

（1）直接观测法（直接时间分析法）

直接时间分析法是使用秒表、摄像机等器材，直接观测作业进行时间测定的方法，其具体的步骤如下。

① 确定观测的使用目的　时间分析的目的有标准时间的设定、作业方法的改善、标准作业量的制定等。

② 选择作为分析对象的作业和作业人员　基于目的选择作业人员，当以作业的改善为目的时，选择熟练程度高者；而当以标准时间、标准作业量等的标准

设定为目的时，选择具有平均或平均以上熟练程度的作业人员。

③ 向相关者说明研究计划、获得理解和协助　时间分析需要研究者融入现场的具体工作进行时间观测，与现场的管理人员一起拟订研究计划，充分向作业人员说明研究的目的和内容，且需要获得他们的理解和协助。

④ 作业的标准化　基于动作分析将作业标准化。尤其是在改善作业方法时，实施有助于改善方案稳固的标准化，并对参与作业人员的进行培训。

⑤ 将作业分解为要素作业　将作业按表5.3所示的主作业时间和付随作业时间的划分方法进行细分，分成要素作业。其时间细分到不影响观测精度的程度，至少是4DM以上［1DM（decimal minute）=1/100min=0.6s］。

⑥ 确定观测的次数　观测的次数在正式观测开始之前通过预备观测进行估计，但由于受循环时间长短的影响，所以通常以表5.4为基准。

表5.4　观测次数

（a）设定标准时间的场合

①	循环时间/min	0.10	0.25	0.50	0.75	1.00	2.00	4.00～5.00	5.00～10.00	10.00～20.00	20.00～40.00	40.00以上
②	观测次数	200	100	60	40	30	20	15	10	8	5	3
③	观测时间（①×②）/min	20	25	30	30	30	40	65～75	50～100	80～160	160～200	120以上

（b）改善作业的场合

通常循环时间的作业	15～20次
极短循环时间的作业	30～40次

注：循环时间是指在连续重复进行生产的作业方式中制造1个或者1单位的产品或半成品需要的时间。

⑦ 实施观测并记录　观测过程和结果使用图5.8所示的时间观测用纸记录。观测过程中一直开动秒表，记录目视读取秒表的读数，直到最后一次观测结束为止。时间的值记在表示通过时间的“通”栏，依次记载要素作业的终点，各要素作业的时间值在观测结束后将“通”栏前后的时间差记在“个”栏内。时间值用DM为单位记入2位，3位数的单位只有在第3位数的值变化时记入。

⑧ 必要时进行等级评价，换算成正常速度　**评价**是将作业人员的技能程度、努力程度、稳定程度等所影响的作业观测时间的平均值，以具有标准技能作业人员的作业时间为基准，根据人的感觉评价标准进行比较评价。将这一比值用百分数（%）表示得出的数值称为**评价系数**，将标准的作业速度评价为100%，快于标准的用大于100%的数值表示，慢于标准的用小于100%的数值表示。为了准确地进行评价，需要经常进行训练，以便观测录像等画面就能正确地评价动作速度的标准值。

时间观测用纸　　观测日　年　月　日

整理编号		作业名	轴切削	设备名称	LNB-7	观测者	
作业者		熟练程度(经验年数)		作业开始	作业终了	天气	温度	湿度

要素作业			次数										总计	平均	评价系数	有效时间
			1	2	3	4	5	6	7	8	9	10				
1	拿取材料	个	4	5	4	4	5						22	4.4	105	4.6
		通	4	11	8	9	403						5			
2	安装活动卡爪	个	10	8	7	7	6						38	7.6	110	8.4
		通	14	19	15	16	9						5			
3	将材料用顶尖卡住	个	13	11	(20)	12	9						45	11.3	100	11.3
		通	27	30	35	28	18						4			
4	切削断面	个	10		8	9	7						34	8.5	100	8.5
		通	37	M	43	37	25						4			
5	切削外圆	个	42		40	38	41						161	40.3	100	40.3
		通	79	78	83	75	66						4			
6	退回刀架	个	11	12	9	11	10						53	10.6	105	11.1
		通	90	90	92	86	76						5			
7	退回尾座、取下工件	个	9	7	7	7	6						36	7.2	95	6.8
		通	99	97	99	93	82						5			
8	拆卸活动卡爪	个	7	7	6	5	5						30	6.0	100	6.0
		通	106	204	305	98	487						5			

M：看漏记号；圈内的数值：异常值；–：省略要素作业的场合；×：进行要素作业以外的动作的场合。

图5.8　时间观测用纸的例子

用观测时间的平均值，求解有效作业时间。

$$有效作业时间=观测时间的平均值\times\frac{评价系数}{100} \tag{5.2}$$

例如，某一作业观测时间的平均值为12.5min。当作业人员的评价系数为120%时，有效作业时间可用式（5.2）求出，具体如下。

$$有效作业时间=12.5\times\frac{120}{100}=15.0\ (\mathrm{min})$$

⑨ 整理分析观测结果　在“个”栏内记入时间差，除去异常值，计算每一要素作业的平均值。在整理时，如有改善和参考事项，则应记载在记事栏。

（2）作业抽样

① 作业抽样（work sampling）　作业抽样是指在一定时间内，观察作业人员和机器在预先随机选择时刻的动作并进行记录和统计，基于这种数据，用统计的方法推测作业状态的发生比例。

如图5.9所示，由于这种方法只在观测用纸的“观测项目”栏进行确认，所以几乎能同时观测多个作业对象，虽然方法简单，但能得到正确的结果。这种方法与直接观测法相比，虽然不能进行作业内容的细节分析和作业顺序的记录，但有能够容易地对多个作业人员及设备进行观测、使用费用少、适用多种类型作业的优点。此外，按需要增加观测次数的话，就能获得所需的精度。

作业抽样观测用纸

年 月 日

工厂名______ 工段名(车间名)______ 观测者______

观测项目			观测时间					合计
			8:15	8:25			16:30	
作业(运转)	准备	作业方法	//	/				15
		零件与材料	//					8
		夹具与工具	//	/				21
		整理与整顿	/	/				7
	主作业	自动切削		///			///	79
		手动切削		////			卌	38
	付随作业	返回刀架		//				26
		材料安装与拆卸	//	/				31
		计量、检验	//	//			/	15
	小计		11	15			9	240
宽放	作业宽放	更换刀具	//	/			/	21
		设备调整	//				/	25
		设备注油	/				/	7
		擦拭切削粉末		/				6
	岗位宽放	等待材料、工具	/					8
		等待吊车	/	//			/	4
		工作安排	/					16
		下班前的清扫					卌	10
	生理宽放	喝水						5
		上洗手间						21
	小计		8	4			9	123
非作业	非作业	迟到、早退	/					13
		闲谈		/			//	8
		休息						9
	不在岗	脱岗、去向不明						7
	小计		1	1			2	37
观测数合计			20	20			20	400

图5.9 作业抽样观测用纸的实例

现在，因录像的使用和观测的自动化，能够实现录像作业抽样，从而大幅度地压缩了观测的步骤和费用。

② 作业抽样的目的

a. 调查作业人员、机械设备的运转率，致力于提高效率。

b. 发现造成不运转状态的原因，加以改善。

c. 求解标准时间的宽放率。

d. 调查各作业状态所需要的时间比例。

e. 对周期长的循环作业和事务作业的标准时间进行设定。

③ 作业抽样的方法和思路　观测者在预先随机决定的确定时刻、确定路径和地点进行观测，按照观测瞬间是否运转或者遵循使用目的所需划分的观测项目，在相应的栏目记录下等级标记等。

现在假设调查某一车间的机床设备组的运转状态，设观测的总数为1000，其中运转的观测数为750，则**运转率**可用下式求解。

$$运转率=\frac{运转中的观测数}{总观测数}\times 100\%=\frac{750}{1000}\times 100\%=75.0\%$$

在作业抽样中，将上式中的运转率作为某项事件出现的比例，即运转率设为出现率p，运转中的观测数设为出现数r，**观测的总数**用n表示，则运转率的公式可用下式替换。

$$p=\frac{r}{n}\times 100\% \tag{5.3}$$

在这种场合，p是由观测求解所得的出现率，基于这一出现率能推测实际进行作业中的作业人员和机械设备的运转率。但是，既然是推测就伴随概率，所以需要考虑式（5.3）中的p值到底能不能作为整体作业的出现率使用。

概率是指某一事件确实发生的比例。例如，所有发生事件的数量为N，其中事件E发生的数量为a的话，则式$P(E)=a/N$就表示E事件发生的概率。

概率所表示的值具有观测的数量越多所求的结果就越接近实际出现率的特征。但是，不能为了获得准确的值而无限地增加观测数，要认可一定程度的误差，确定观测的总数。观测结果的准确度可以用可靠度和精度表示。

a. 可靠度。可靠度表示观测值相对于真值的准确性，通常使用95%。这表示100个观测数中准确的有95个。

b. 精度。观测值相对于真值的分散程度或偏差程度等误差的微小程度称为精度，误差越小的观测值，精度就越高，称为绝对精度。如果用符号e表示精度，就有出现率的平均值p在以真值为中心的$\pm e$的范围内。另外，表示**绝对精度**e相对出现率p的比率称为**相对精度**，如用S表示，则有$e=Sp$。

在作业抽样中，以概率理论为基础，由可靠度和精度能使如下的公式成立，并可以此式求出**观测总数**n。

$$n=\frac{u^2p(1-p)}{e^2}=\frac{u^2(1-p)}{S^2p} \tag{5.4}$$

式中，u为可靠度系数，使用正态分布的上限2.5%点，则有u=1.96（或者圆整为u^2=4），p的值依据过去的经验值、资料或者预调查等确定。预调查通常进行200 ～ 400次观测。表5.5给出了取决于观测目的不同的观测精度和观测总数的参考指标。

表5.5 基于观测目的类别的观测精度和观测总数的参考指标

观测目的	出现率p/%	绝对精度e/%	相对精度S/%	观测总数n
作业改善	30	±2		2100
调查停止、赋闲、搬运等占用工作的比例	15 30	±3 ±3		600 900
宽放率的确定	10 20 10 20	±3 ±3	 ±5 ±5	900 1600 14400 6400
作业有效时间的确定	80		±2	2500
要素作业的有效时间的确定	10		±5	14400

【例5.1】在某工厂，推算出职场宽放（空闲）出现率为25%左右，在可靠度为95%、相对精度为±5%时，求解进行作业抽样时的观测数。

【解】在这种场合，由于有p=25%=0.25、S=±5%=±0.05，则由式（5.4），得：

$$n=\frac{4(1-p)}{S^2p}=\frac{4\times(1-0.25)}{(0.05)^2\times0.25}=4800$$

④ 作业抽样的实施步骤

a. 要明确观测的目的。

b. 向相关者进行充分说明，以求得理解和协助。

c. 确定观测项目（参照图5.9）。

d. 推测所要观测项目的出现率。

e. 确定符合观测目的的可靠度和精度。

f. 算出观测总数。

g. 确定观测人数和观测日数，计算1人1天的巡回观测数。

$$1人1天的巡回观测数=\frac{观测总数}{观测人数\times日数\times1人每次的观测对象数}$$

另外，1人1天的巡回观测数限度为20 ~ 40，1人每次巡回的观测对象数限度为20 ~ 30。在这种场合，观测人数或天数的增减需要根据1次巡回所用的时间来确定。

h. 确定观测的时刻及路径。

i. 确定观测者，遵循计划实施观测，用观测纸进行记录。

j. 分析观测的结果。

⑤ 有效作业时间、标准时间的求解法

用下式能求出1件产品所用的有效作业时间。另外，标准时间用式（5.1）

计算。

$$1件产品所用的有效作业时间=\frac{总花费时间\times出现率\times评价系数}{总生产数量}$$

【例5.2】当对某作业人员进行作业抽样时，做了1天（8h）的观测，作业出现率的平均值为75%，评价系数为100%。1天的生产个数为150个，求解生产1个产品的有效作业时间。另外，若宽放率为10%，求解生产1件产品的标准作业时间。

【解】这种场合，已知出现率=75%=0.75、评价系数=100%=1.0、宽放率=10%=0.1，则有：

$$1件产品所用的有效作业时间=\frac{8\times60\times0.75\times1.0}{150}=2.4\text{min}$$

$$1件产品的标准时间=24\div(1-0.1)=2.67\text{min}$$

（3）PTS法

直接的观测作业的方法是作业分析的基本方法，但这种方法判断过程繁琐，且受观测者个人能力的影响。

为此，关于构成作业的基本动作，事先要规定具有权威性的标准时间，通过这些时间值的组合，省去评价的过程，能够准确地求解出各作业的标准时间。

源于这种思路，诞生了**PTS法**（predetermined time standard，预定动作时间标准法）。

在典型的PTS法中有WF法（work factor）和MTM法（method time measurement）等。

① **WF法** WF法也称为工作要素法，是奎克（J.H.Quik）等人在1938年创立。在WF法中，基本的条件是在人们进行工作时“无论谁在何时、何地进行相同动作，都能在相同的时间内完成”，影响动作时间的主要因素有以下四个。

a. 身体的各部位：手指（F）、手（H）、前臂（FS）、手腕（A）、躯干（T）、腿（L）、脚（Ft）等。

b. 运动距离。

c. 重量或者阻力（W）。

d. 人为的调节：一时的停止（D）、方向的调节（S）、注意（P）、方向变更（U）。

通过这四个要素的组合来确定动作时间。其中，a和b是基本动作，c和d都是动作困难程度的影响要素。

WF法的时间单位使用WFU（work factor unit），1WFU=0.0001min。

② **MTM法** MTM法具有动作时间测量的含义，由梅纳德（H.Maynard）等人在1948年发表。在由基本动作发展而来的动作时间的测量方法中，按照以下基本动作来进行分析：伸手（R）；搬运（M）；回转（T）；施加力（AP）；握

住（G）；固定放置（P）；松手（RL）；分离（D）；眼球移动（ET）；注目（EF）。

采用这种方法分析作业，要划分作业动作“做了什么”，选出基本动作，依据衡量基本动作大小的动作距离、动作的难易程度等使用的时间值表，求解作业时间。

MTM法的时间单位使用TMU（time measurement unit），1TMU=0.00001h=0.0006min=0.036s。

PTS法的特点

PTS法的优点和缺点如下。

① 优点

a. 能够比较快地确定公平的标准时间。

b. 不需要对动作速度的评价。

c. 不必区分作业的动作和时间，能同时进行分析。

d. 在生产开始之前，可以策划作业方法、设定标准时间。

② 缺点

a. 需要通过培训来掌握分析方法，正确使用之前要花费时间。

b. 不适用于有接受机械限制的动作时间。

c. 不适用于需要人们思考或判断的不稳定作业。

因此，PTS法的用途有：手动作业中标准时间的设定；作业方法的改善；生产开始前的作业方法的设计；作业人员的作业方法的训练；产品、设备、工夹具的设计等。

5.6 作业分析的应用

作业分析的结果必须整理成在现有的技术水平下能够实施的成果并进行标准化，并将其在实际中灵活应用。因此，将所制定的基准称为**作业标准**。

5.6.1 作业标准

在企业标准中，作业标准是最重要的标准之一。生产作业的标准包括确定作业条件、使用的物料与零件、设备与机械、工具与量具等的基准，按照顺序记录作业的方法和要点，根据需要还包括标准时间、单价、安全心得以及防护用具等。为明示作业标准，需编制一览表形式的作业标准书，称为**作业指导表**或者**作业指示书**。

按照用途不同，作业指导表可分为管理者用、作业人员用等。作业人员用的主要是用图解的方式明示尺寸，写得通俗易懂。图5.10表示的就是作业指导表

品名	D601R	作业名	标记作业	作业指导表	资料序号		工厂班组名	

序号	作业顺序	图	注意事项
1	按照产品类别，分别放在货架上	Ⓐ	
2	确认设备上有无产品		用真空吸附
3	橡胶印章放置在橡胶印章卡(夹)槽内，确认标记	Ⓑ	使用样品料条
4	样品橡胶印放入PF内，确认样品料条出口内的残留品		
5	提供MG		
6	使用文件板夹，确认文件夹板内的检查表、品名卡、交货单，检查标记与检查表、品名卡、交货单是否一致	Ⓒ	
7	放入产品，裁切收集板，测量单根料条的最长尺寸和最短尺寸，进行检查	Ⓓ	
8	把标记与料条的间隔对齐，点亮紫外线灯，开启MC(设备)		
9	在同一品种、同一规格的场合，持续生产	Ⓒ	品名卡、标记的确认
10	进行剥离试验		每班1次
	(以下省略MC完成后的作业)		

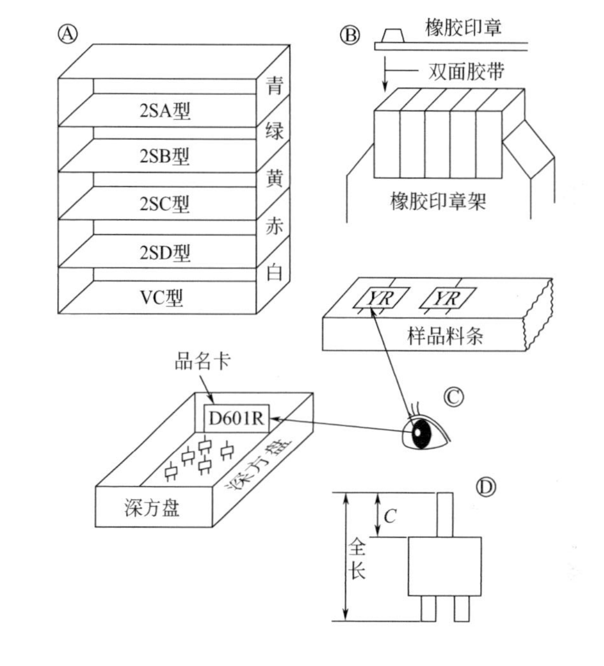

Ⓐ
2SA型 青
2SB型 绿
2SC型 黄
2SD型 赤
VC型 白

Ⓑ
橡胶印章
双面胶带
橡胶印章架

YR YR
样品料条

Ⓒ
品名卡
D601R
深方盘

Ⓓ
C
全长

使用的设备	MC-No.1	尺寸	C	0.6～0.7
合格品的数量	20000		全长	2.7～2.8

图5.10　作业指导表的例子

（作业人员用）的例子。

5.6.2 作业标准资料的使用方法

按照规定的作业标准实施生产，可以得到固定的工序，产品生产质量稳定。为此，作业的实施内容总是必须按照标准进行。在使用标准资料时，需要注意的有以下几点。

① 通过工时管理以及质量管理的实施，检查标准作业是否按照作业指导表进行。

② 对作业的方法或者工夹具进行改进的话，作业指导表的负责人要立刻对作业标准进行修订。

③ 要对监督人员及作业人员进行培训。

④ 规定的程序步骤，要贯彻执行。

习题

习题5.1　用时间分析方法观测机械操作作业的结果显示，制作1个零件的观测时间的平均值是2.687min。求解这时的标准时间。在这里，评价系数为95%、宽放率为20%。

习题5.2　在某工厂进行作业抽样，为了确定宽放率，进行300次预调查，结果是出现率为10%。求绝对精度为±2%时的观测数。

第6章

物资与供应链管理

6.1 物资管理

6.1.1 物资管理的概念

在工厂，生产活动所需的原材料、部件、消耗品等物品称为**物资**。**物资管理**是指按照生产的要求，在适当的时间以最少的费用适量地采购所需质量的物资，并储存在必要的场所，以提高生产效率的一系列活动。

物资管理活动，包括建立物资的采购计划，购入物资之后进行检查、接收入库以及保管，按照生产现场的需求提供物资。也就是说，物资管理活动的主要业务内容包括采购管理、外协管理、搬运管理和仓库管理等。

管理技术的进步对物资管理活动产生了极大影响，物资需求计划（MRP）、库存管理、价值分析（VA）[参见6.1.3（2）]、办公自动化、办公设备等就是引入了新技术和广泛地应用了机械化。

物资需求计划（MRP）是指当已决定在某一期间所需要生产的产品类型和数量时，按照需求决定生产这些产品所需要的零部件、材料类型、数量、准备时间等的物资采购计划，应用计算机以迅速解决产品的生产计划或生产能力调整所带来的问题。

6.1.2 物资的分类

在机械工业中的资产有固定资产和流动资产之分。固定资产包括机器、设备、土地、建筑物等，流动资产包括材料、零部件、半成品、产品等。其中，材料的分类如表6.1所示。

表6.1 材料的分类

分类方法	材料的类型
材质	钢铁类材料、有色金属类材料、非金属类材料
用途	主要材料、辅助材料、消耗材料
管理方法	常用材料、订制材料（特殊需要订制的材料）

6.1.3 物资需求计划

（1）材料计划

在物资中，主要的是材料，因此，下面基于材料的计划进行讲解。

材料计划是指基于产品的生产计划，按照月份或者一定周期制定产品生产所需材料的类型、材质、尺寸、数量、使用时间、采购方法等的布置计划。材料计划部门负责将其列成表格，称为**材料表**。

在制订材料计划时，需要注意以下几点。

① 制作统计材料需求量的基准表。它是根据产品的各必要零部件的数量、材质、尺寸等编制而成。

② 确定材料的名称，并且进行分类。

③ 为了降低材料的价格和便于管理，要标准化，进行规格统一。

④ 考虑是在自家工厂加工（厂内生产）还是采用外部采购（厂外订货或厂外制造）的方式。

（2）VA（价值分析）

VA（value analysis，**价值分析**）是指为了追求以最低的成本实现产品所需的功能，从原材料、设计、加工方法等各种角度对产品的价值进行研究的活动。这里的功能是指达到产品要求指标的能力以及作用等的特性。

产品的价值取决于消费者，因此，企业需要从消费者的角度考虑价值测量的标准。这种标准可用下式表示。

$$\text{价值}(V)=\frac{\text{功能}(F)}{\text{成本}(C)}=\frac{\text{评价功能的价值（金额）}}{\text{为实现该功能实际需要的费用}}$$

由上式可知，为了提高产品的价值，有以下措施。

① 功能不变时，降低成本。

② 成本不变时，提高功能。

③ 当成本上升时，功能的提高幅度要超过成本上升的幅度。

也就是说，VA的特征是以产品功能为中心，消费者购买商品是对于商品的功能而支付费用，如果商品的功能不健全，就可以认为这一商品没有价值。

VA活动的实施步骤：①确定功能；②收集情报资料；③进行功能分析；④进行功能的评价；⑤提出改进的方案；⑥改进方案的评价；⑦试制；⑧功能完善；⑨具体实施。

此外，VA（价值分析）这个名称是在其发展的初期命名的。在此之后，VA被用于美国海军的物资采购，取得成果之后又称为**VE**（value engineering，**价值工程**）。

6.2 采购管理

采购工作是指在规定的期限内，按照要求的质量和数量，筹备材料计划中所确定的材料。

6.2.1 采购的前期调查与计划

在制订采购计划时，需要充分调查以下内容：①本期内物资消耗的预定数量；②物资的有效持有量和最低持有量；③订货到交货所需要的时间；④市场和供货方的情况；⑤预测市场情况以及随季节变化的物价变动等。

在采购计划的制订过程中，基于以上的调查资料，为取得最有效的成果，需要遵循以下五个基本方针：①做什么；②什么时候；③在何处开始；④量的多少；⑤以什么条件。也就是说，要明确：①物资的品种与质量；②采购的时期；③供货方；④采购的数量；⑤价格和支付条件。

6.2.2 采购的程序

采购物资的一般程序如下。

① 制订、发出基于采购的要求书，进行物资的采购委托。

② 要求事先调查的数家供应商提出报价单，比较报价的内容，选择供应商。

③ 向选择的供应商递交订货单，签订订货合同。

④ 为能在约定的时间交货，进行交货进程的督促。

⑤ 接收订单物资，将货物与订单进行比较检查（验收），交给仓储部门。

⑥ 准备货款的支付。

另外，在订货合同上要记载采购方、订单编号、产品名称、内容（材质、尺寸、规格等）、交货期、交货地点、运输条件、价格以及支付条件等。

6.2.3 订货的方式

如果库存量过多，库存占用的资金和利息增加；而库存量过少的话，会因库存量的不足妨碍生产的顺利进行。因此，为保证适当的库存量，订货的时期非常重要。订货的方式有定量订货法和定期订货法两种。

（1）定量订货法

定量订货法是指当库存量下降到预先制定的标准线以下时，再按规定数量进行订货的订货方法，也称为订货点方法。由于订货量是固定的，所以订货的间隔受需求速度的变化影响。因此，这种方法适于需求量稳定、单价便宜、用量较多的常用备品以及常见的市售的小物件类物资的订货。

如图6.1所示，当库存数量下降到A点时，进行订货量BC的订购。从提交订单购买、经过检查等手续到交付货物的期间称为**订货周期**或**订货提前期**（lead time）。新订货物在图中的B点入库，此时库存量急剧上升到C点。在这种场合时，库存量到A点进行订货，则A点称为**订货点**。当需求量较少或需要速度缓慢时，图表中的斜线下降缓慢，到C点时库存量变多；当需求量较多或需要速度较快时，即使在订货点订货，由于图表中的斜线急剧下降，仍有可能导致在货物入库前发生“缺货”现象。为了防止这种缺货现象，应以订货周期中的平均需求量加上安全库存量为订货点，使库存量保持富余。

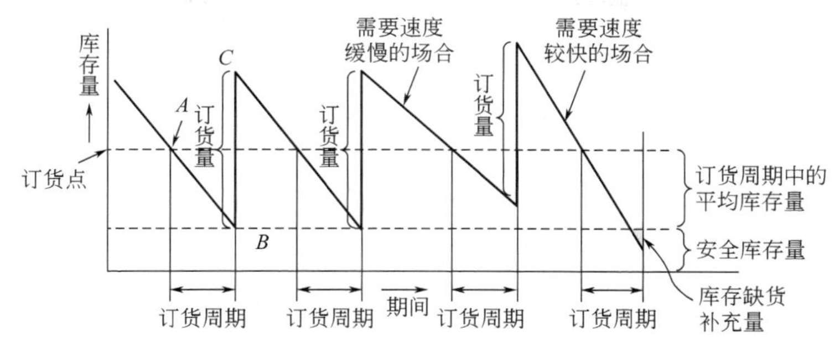

图6.1　定量订货方式

① 订货点的求解

订货点＝订货周期中的平均库存量＋安全库存量

＝（单位时间的平均需求量 × 订货周期）＋安全库存量　　（6.1）

其中，单位时间要统一为日或者月。

② 安全库存量的求解

$$安全库存量＝安全系数 \times 标准方差 \times \sqrt{订货周期} \quad (6.2)$$

a. 安全系数。**安全系数**是由库存缺货概率所决定的系数，用标准方差的倍数表示。安全系数的值：在库存缺货概率为2.5%时，取1.96；库存缺货概率为5%时，取1.65；库存缺货概率为10%时取1.28。通常使用库存缺货概率为5%时的数值。

b. 标准方差。标准方差是定量地表示数据离散程度的统计量之一。**无偏方差**是将每个样本数据与全体样本数据平均值之差的平方值之和除以自由度数[（数据总个数）-1]得到的值，无偏方差的正平方根称为**标准方差**。设数据的各数值分别为x_1、x_2、…、x_n，数据总个数为n个，将其平均值用$\overline{x}$表示，则标准方差可用下式表示。

$$标准方差=\sqrt{\frac{1}{n-1}\left[(x_1-\overline{x})^2+(x_2-\overline{x})^2+\cdots+(x_n-\overline{x})^2\right]} \quad (6.3)$$

c. 最佳订货量。某一固定期间内，使购买货物的采购费用和保管费用之和为最小的订货量称为**最佳订货量**或者**经济订货量**。

订货量和费用之间的关系可以用曲线表示，如图6.2所示。也就是说，如果每次订货量增加，单位货物的保管费用就会增加，但采购费用反而减少。于是，由图可见，保管费用和采购费用两者之和最小的点对应的订货量就是最佳订货量。

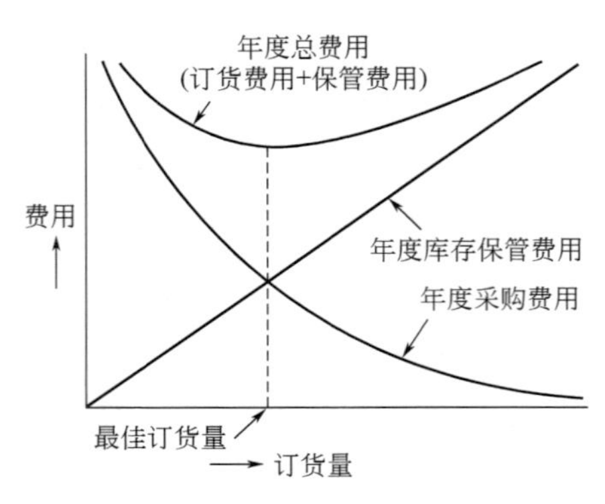

图6.2 最佳订货量

现在，如果将固定的期间设为1年的话，最佳的订货量就可用下式求解。

$$\text{最佳订货量}=\sqrt{\frac{2\times\text{年度需求量（个）}\times\text{每次的采购费用}}{\text{采购单价（元）}\times\text{库存保管费率}}} \quad (6.4)$$

库存保管费率是指在1年期间内相对1件保管品价格的保管费用所占的比率，通常包括保险费和损耗费的库存保管费率为25%左右。

【例6.1】某种货物6个月内的实际需求量如表6.2所示。现在，设订货周期为1.5月，求库存缺货概率为5%时的订货点。

表6.2 各月的需求量

月	需求量
1	180
2	220
3	190
4	170
5	230
6	210
合计	1200

【解】① 求解平均值

$$1\text{个月的平均需求量}=\frac{\text{合计}}{\text{数据的个数}}=\frac{1200}{6}=200$$

② 求解标准方差 标准方差由式（6.3）得：

$$\text{标准方差}=\sqrt{\frac{(\text{各数据的值}-\text{平均值})^2\text{的合计}}{(\text{数据总个数})-1}}$$

$$=\sqrt{\frac{(180-200)^2+(220-200)^2+\cdots+(210-200)^2}{6-1}}$$

$$=\sqrt{\frac{2800}{5}}=23.664$$

③ 求解安全的库存量　库存缺货概率为5%时，安全系数是1.65，因此，由式（6.2）可得：

$$\text{安全库存量}=\text{安全系数}\times\text{标准方差}\times\sqrt{\text{订货周期}}$$
$$=1.65\times23.664\times\sqrt{1.5}\approx48$$

④ 求解订货点　订货点由式（6.1），得：

$$\text{订货点}=（1\text{个月的平均需求量}\times\text{订货周期}）+\text{安全库存量}$$
$$=（200\times1.5）+48=348$$

【例6.2】某货物的单价为每个640日元，年度需求量为60000个，每次的采购费用为12000日元，库存保管费率为25%，安全库存量为1000个。求这种情况下的：①最佳订货量；②平均库存量；③订货的次数。

【解】① 求最佳订货量　年度需求量=60000个，采购费用=12000日元，单价=640日元，库存保管费率=25%=0.25，代入式（6.4），得：

$$\text{最佳订货量}=\sqrt{\frac{2\times\text{年度需求量}\times\text{每次的采购费用}}{\text{采购单价}\times\text{库存保管费率}}}$$
$$=\sqrt{\frac{2\times60000\times12000}{640\times0.25}}=3000$$

② 求平均库存量

$$\text{平均库存量}=\frac{\text{最佳订货量}}{2}+\text{安全库存量}=\frac{3000}{2}+1000=2500$$

③ 求订货次数

$$\text{订货次数}=\frac{\text{年度需求量}}{\text{最佳订货量}}=\frac{60000}{3000}=20$$

（2）定期订货法

定期订货法是在一定的时间内，按照预先制定的订货间隔，例如每月1次，根据现有的库存量和需求量来确定订货量的方法，如图6.3所示。

定期订货法适用于需求量变化的场合，主要应用于单价高的物资的采购，但需要进行适当的预测。

① 订货量的求解

订货量=预测期间的预测需求量－订货时的库存量+安全库存量　　（6.5）

假如在订货时，有剩余订单（虽然已经订货，但还没有入库），要从上式中减去；如果有剩余交货（虽然已经交货，但还没有全部交完），要在上式中加入。另外，预测期间=订货间隔+订货周期。

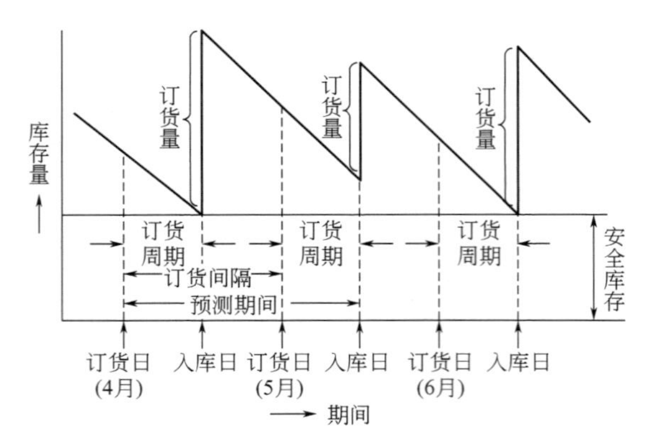

图6.3　定期订货方式

② 安全库存量的求解

$$安全库存量=安全系数\times标准方差\times\sqrt{订货间隔+订货周期} \quad (6.6)$$

【例6.3】根据例题6.1的实际需要数量，6月订货时的库存量为60，留存的订单量为40。若订货周期为0.5个月、订货间隔为1个月、库存缺货概率为5%、预测需求量为过去数据的平均值，求解采用定期订货法的订货量。

【解】① 求安全库存量　安全库存量由式（6.6）得

$$安全库存量=安全系数\times标准方差\times\sqrt{订货间隔+订货周期}$$
$$=1.65\times23.664\times\sqrt{1+0.5}=47.8\approx48$$

② 求订货量　订货量由式（6.5）得

$$订货量=（订货间隔+订货周期）\times1个月的平均需求量-订货时的库存量-剩余交货量+安全库存量$$
$$=（1+0.5）\times200-60-40+48=248$$

6.3　外协管理

6.3.1　外协管理的概念

外协管理是对在外单位订购的物资的质量、价格、交货期等进行合理的管理。从订货的角度来看，外协与外购相同，但在签约时要进行图纸的交付、技术指标的洽谈、技术指导，有时还有材料的交付。外协企业通常与订货企业的多部门都有联系。

另外，**技术指标**是指企业或者工厂在与外单位进行材料、产品、工具、设备等进行买卖契约时约定的必要条款，包括要求的形状、结构、尺寸、成分、功能、精度、性能、制造方法、试验方法等，将这些技术指标书面化就是技术说明书。

6.3.2 外协管理的目的

外协在以下场合采用。

① 生产量少时，外协的成本较低。

② 弥补需求量急剧增加造成的生产能力不足。

③ 需要本公司没有的技术与设备。

④ 需求的前景难以把控，避免设备资产的投入风险。

6.3.3 外协管理的内容

外协管理的工作内容如下。

① 确定外协的产品、数量，决定委托给哪家外协企业。

在选择外协工厂时，有效的方法是根据一定期间内的实际交易状况，在实际调查的基础上进行评价。

② 签订契约，致力于促进合同的合理实施。确定合同的内容，包括技术指标、价格、交货期、支付条件、有无材料的交付（有交付时，是有偿交付或无偿交付）、交货地点、运输、质量检查等。

③ 致力于调解和合理处理与外协企业之间的关系。进而，为了提高外协企业的技术水平，要掌握外协企业的实际状况，必要时进行如下帮助及指导。

a. 进行资金、机器、设备等的援助和技术指导。

b. 派遣合适的人才，提出经营与管理的建议以及进行援助。

c. 进行计划性的订货，保证一定期间内长期签约等。

d. 进行质量和交货期等的成果评价和评级。

6.4 搬运管理

6.4.1 搬运管理的概念

搬运管理是指有关物资的分配、移动以及保管的技术和管理。以前，一说到搬运，就认为这只是简单地将物品集中起来进行搬运的工作，但现在的搬运工作目的是将所需的物资尽可能便利地、安全且准确地在要求的时间内运送到指定的场所。

因此，必须考虑如何进行搬运管理才能对企业整体的生产效率有促进作用。这样的搬运管理称为**物料搬运管理**，简称**物料搬运**。

优化和改善搬运方法或者设施与设备等，能够得到的效用包括：①准确地落实生产计划；②增加生产量；③节省运输费用；④减少产品的损失；⑤减少半成品；⑥降低伤害的发生；⑦保持产品的质量等。

6.4.2 搬运计划

企业的生产活动必然伴随着搬运，实际上搬运所需的费用占产品成本的30% ~ 40%，也有的行业高达60%，由此可见合理搬运的重要性。

因此，在**搬运计划**中，首先要考虑的是尽可能减少搬运工作。为了实现这一目标，在充分掌握搬运合理化要点的前提下，需要制订搬运的方法、设备、路径、重量、次数、费用以及作业人员等的计划。

（1）搬运合理化的要点

① 考虑减少搬运　要考虑搬运是否确实需要，同时考虑搬运的目的、最少搬运次数等。

② 分析工作场所以及机器与设备的配置　搬运的路径要尽量避免逆行、弯曲、交差，尽可能采用直线搬运，同时也要考虑空间的利用。

③ 考虑运动的四因素　将搬起→运输→放置→保存（储藏、保存）这四个环节作为搬运的循环，考虑高效的搬运方法。

④ 货物的集中搬运　货物集中的方法有捆绑、放入容器或箱内或放置在托盘［参见6.4.3（5）］或运货小车上等。

⑤ 采取便于放置搬运货物的方法　在放置物体时，要考虑之后货物搬运的难易程度。搬运的难易程度称为**搬运灵活性**。表6.3中的搬运灵活性指数表示了搬运灵活性的程度，搬运灵活性指数用数字0、1、2、3、4表示。

表6.3　用于表征搬运灵活性的搬运灵活性指数

类型	搬运灵活性指数	需要的动作数	动作类型				动作的说明
			集中	搬起	升起	运走	
随意放置	0	4	○	○	○	○	随意放置在地板以及平台上，处于杂乱堆积的状态
规则放置	1	3	—	○	○	○	规则放置在集装箱或箱中
垫起放置	2	2	—	—	○	○	放置在货架（枕木）上
放置车上	3	1	—	—	—	○	放置在车上
移动中	4	0	—	—	—	—	通过传送带、滑槽、车等移动

⑥ 尝试提高搬运的效率　要提高搬运效率，重要的是减少装卸和中转等的作业时间，为此，应尽可能考虑利用重力、搬运机械或实现自动化等。

⑦ 采用水平搬运的方式　工厂、建筑物、设备、机械、搬运物的布局应尽可能减少货物上下移动，尽量采取水平移动。

⑧ 避免空行程搬运　空行程搬运是指只有人去取车或者空车移动等。

（2）搬运路径的规划

进行搬运路径的规划，需要调查工作地点和设备的配置以及搬运的路径。通常，采用**搬运流程分析图**来进行搬运路径的规划。

在工序图中，使用工序分析符号来表示工序流程图或者流程线图进行分析，但为了更详细地分析搬运的状态，应用表6.4中的符号绘制搬运流程分析图。

表6.4　搬运流程分析图使用的符号

（a）基本符号

名称	符号	内容	工件的状态
移动		工件的位置变化	运动
处置		工件的支撑方法变化	
加工	○	工件的形状变化和检查	静止
停滞	▽	工件没有变化	

（b）标记符号

名称	符号	状态
杂乱放置		杂乱地放置在地板、台面上的状态
规则放置		规则放置在集装箱或者箱体内
垫起放置		用托板或滑动垫木垫起的状态
放置车上		装载在车上的状态
移动中		用传送带或滑槽移动的状态

搬运流程分析图如图6.4所示。在搬运流程分析图中有直线式和配置图式两种。直线式如图6.4（a）所示，使用分析符号按照工序的顺序以直线排列形式表示，根据需要在符号的左侧标记所需的时间、距离等，在符号的右侧标记场所、作业人员、搬运工具、次数、方法等信息。配置图式如图6.4（b）所示，在工厂设备的配置图上参照直线式标记分析符号和搬运路径，将人、物以及搬运工具区分开。用表6.5所示的移动线进行表示，除搬运路径之外，明确了人、物及搬运工具之间的关系，便于获得空行程搬运的状况。

（3）搬运的方法

虽然搬运的方法因生产的方式有所差异，但从时间的相关性来划分的话，能够分为以下2个类型。

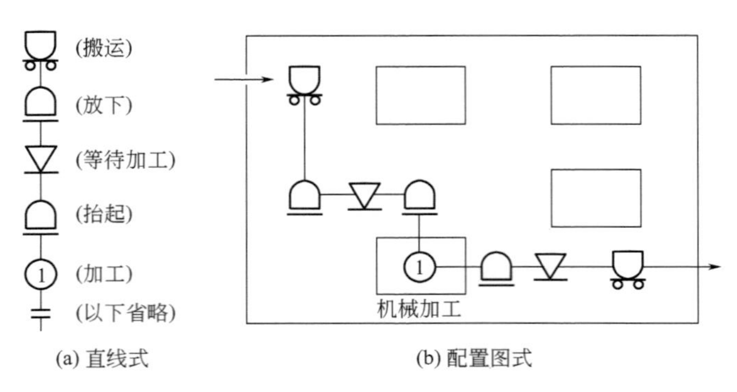

图6.4　搬运流程分析图

表6.5　移动线

	线的类别	颜色
物	——	黑
人	-----	红
搬运工具	-·—·—·-	蓝

① 间歇搬运　间歇搬运是以一定时间为间隔进行搬运的方式，根据时间的间隔分为不定时搬运和定时搬运两种。**不定时搬运**适用于在多品种少批量生产中将货物集中搬运到比较远的场所。**定时搬运**是在预设的时刻表下定时进行搬运的方式，适用于中批量生产，能够减少半成品的滞留时间，提高搬运的效率。搬运工具有手推车、叉车、吊车等。

② 连续搬运　连续搬运是连续搬运货物的方式，是非常高效的搬运方法。在少品种多批量生产中适用于连续加工和组装的场合。搬运设备有各类型的传送带、滑槽等。

6.4.3　搬运设备

搬运设备种类非常多，在选用时，要注意根据搬运计划，按照生产方式和技术的不同，考虑生产的整体平衡。常用**搬运设备**如下。

（1）吊车（crane）

吊车也称为起重机，能提升货物，进行上下、左右、前后的搬运。如图6.5所示，因使用的目的不同，有多种类型的吊车。

① 天井吊车　天井吊车是安装在工厂、仓库等的屋架下的吊车，用于材料的搬运、升降、组装等。起重量一般为5 ~ 10t，大型的起重量可达200 ~ 600t。小规格的有使用电动葫芦的葫芦式天井吊车，大规格的采用起重绞车方式的天井吊车，起重小车（吊着货物移动）配备有起重和运动装置，可以在起重桁架上移动。

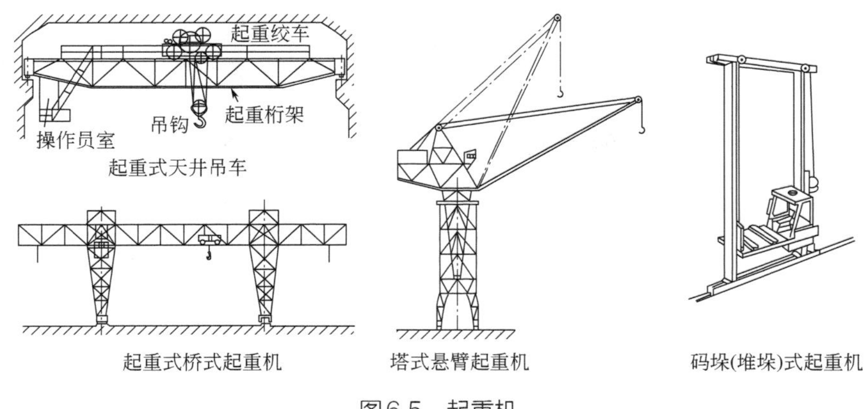

图6.5 起重机

② 悬臂起重机（jib crane） 起重机具有称为悬臂的长臂，悬臂的前端能吊起货物进行移动。悬臂起重机有支脚为高耸塔状的塔式起重机、支脚为门式的龙门悬臂起重机以及水平安装在工厂或仓库等建筑的立柱或墙壁上的具有悬臂的墙壁式悬臂起重机等不同类型。塔式悬臂起重机主要用于造船厂等，起重能力为25 ~ 100t。

③ 桥式起重机 桥式起重机是在沿轨道行驶的桥架上配备起重小车或者悬臂的起重机，也称为**龙门起重机**（gantry crane）。主要装备在室外，用于重物的搬运、机械装置的组装等。起重能力为5 ~ 300t。

④ 码垛式起重机（stacking crane） 码垛式起重机是在货架立体配置的仓库中，为放置在托盘上货物的出入库使用的起重机。在起重机的承载台上设有操纵台，操纵员能边确认货物边进行操作。还有一种是设置自动仓库，根据信息系统的指令进行货物出入库，实现完全自动化。

（2）输送机（conveyor）

输送机是连续地以一定间隔搬运承载材料或货物的机械装置。其有以下几种。

① 带式输送（belt conveyor） 带式输送是将用橡胶［图6.6（a）］、布、金属网、铁板［图6.6（b）］等制成的宽幅无接头的带套挂在输送机两端的带轮上并使其转动，从而搬运装载在输送带上的货物。由于搬运能够顺利、安静地进行，所以广泛地应用于原材料或者杂物的搬运，以及流水作业中产品的组装、检查、挑选等。

② 链式输送（chain conveyor） 链式输送是使用链条进行货物搬运的输送带，依据货物的支持状态有各种类型，有在1条或者多条链上连续安装链板（小板条）的链板式输送带、链条的两侧安装挡板（垂直的外壁）的挡板输送带、链条上安装盘形斗的斗式输送带、使用筒状容器的筒式输送带、在天井架设的轨道

上使小车往复移动的小车输送机等。这些都是主要进行横向移动的输送带。另外，还有在链条上安装筒、臂、托盘（盘）等进行纵向移动的垂直输送带。

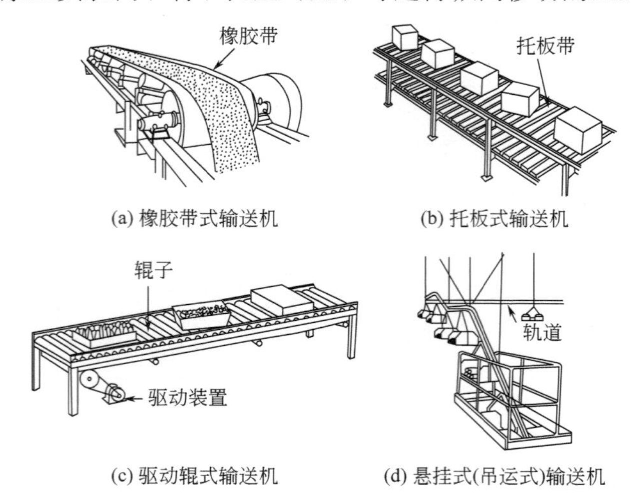

(a) 橡胶带式输送机　(b) 托板式输送机

(c) 驱动辊式输送机　(d) 悬挂式(吊运式)输送机

图6.6　输送带

③ 辊子输送（roller conveyor） 辊子输送是将很多的辊子平行排列，将其安装在框架上构成的输送机构，有不进行辊子驱动而靠货物自身的重力进行搬运的自由辊子输送机和使用动力驱动辊子进行搬运的驱动辊式输送机［图6.6(c)］。

④ 其他　除此以外，还有利用振动搬运物品的振动输送带，以流体或者气体为介质搬运物品的流体输送机、空气输送机，利用空气膜减少摩擦的空气垫输送机等。

（3）电梯以及升降机

在垂直方向移动货物时，使用的机械装置有电梯、提升机和滑槽。

① 电梯（elevator） 电梯有通过钢丝绳的卷起或者放开进行运动的滚筒式（0.5 ~ 4t）和通过压力油直接驱动或间接驱动的液压式（1 ~ 6t）。此外，特殊的电梯有搬运零件等小物件的升降机（dumbwaiter）(150kgf)、搬运操作完全自动化的区间电梯（shuttle elevator）等。

② 提升机（hoist） 提升机根据动力的类型不同分为手动的提升机、以压缩空气为动力源的气动提升机以及最常使用的将电动机和减速装置做成一体的容量（0.1 ~ 10t）较小的电动提升机。提升装置沿着设置在屋顶附近的I型钢轨道水平方向移动的称为升降式天井吊车（图6.7）。除此之外，还有绞车（winch）、使用链条代替钢丝绳的链滑车（chain block）等。

③ 滑槽（shoot） 滑槽是当存在高度差时，利用物体的自重通过滑落使物体实现移动的设备，主要用于在仓库等处袋装货物的取下（图6.8）。但要注意倾斜度过大时，容易损伤货物。在倾斜度较小的场合，要与辊子输送机一起使用。

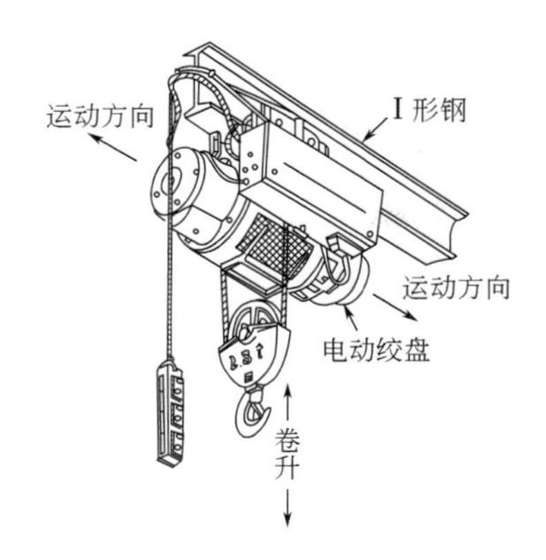

图6.7 升降式天井吊车（电动葫芦）

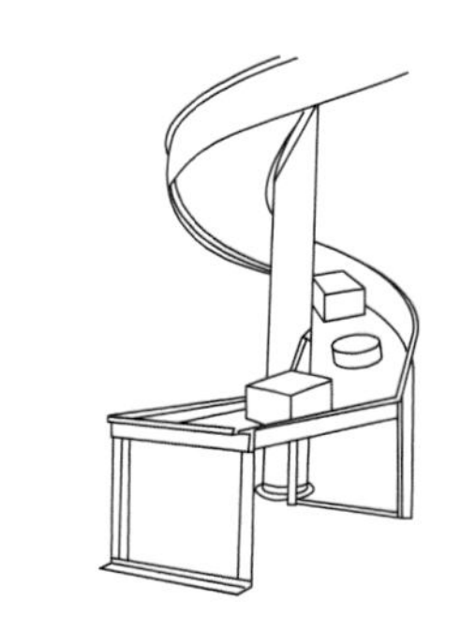

图6.8 滑槽（螺旋滑槽）

（4）工业车辆

在工厂或者仓库等处用于搬运的车辆称为**工业车辆**（或搬运车辆），工业车辆有动力式和手动式两类。

① 动力式工业车辆　驱动车辆的动力源为内燃机或者蓄电池。

a. 叉车（forklift truck）。在有些生产中，主要使用叉车搬运物品，承载货物的是托盘。

叉车也称为叉式升降机，其外形如图6.9所示，这是利用2根货叉在液压装置的驱动下沿着安装在车体前方的门架升降的小型卡车，通过将货叉插入装载货物的托盘底部进行升降及搬运。

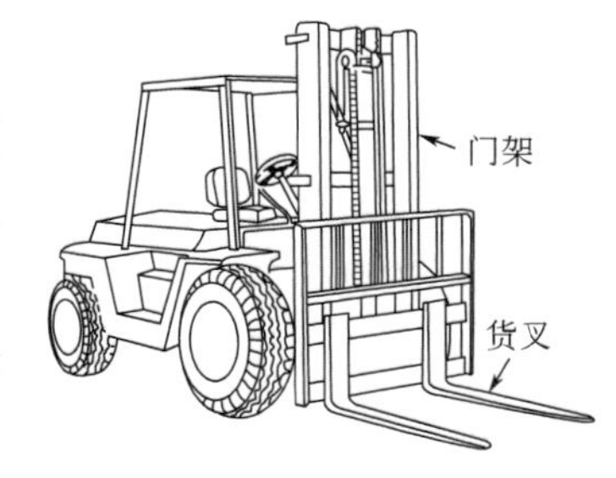

图6.9 叉车

平衡重式叉车（counter-balanced forklift）是指为了与车体前的货叉承载的货物重量保持平衡，在车体的后方配置重锤的叉车，这也是最常用的叉车。除此之外，还有用于长条形货物搬运的侧面式叉车（side forklift）、加长型叉车（reach forklift）等，载重量为0.5 ~ 25t。

b. 搬运车。采用有驱动动力的驱动车辆牵引装载货物的数台车辆，在这种场合，有驱动能力的车头称为牵引车（tractor），被牵引的车称为挂车（trailer）。

② 手动式工业车辆　手动式工业车辆有在载货台上安装车轮的手推车、利用手动操作产生的液压抬高货物进行搬运的手动叉车（hand lift truck）等。这些设备主要是通过人力，在厂区内、厂房内的平坦路面上进行货物搬运。

（5）附属品

① 托盘以及防滑垫板　图6.10所示为托盘（pallet），用叉车搬运货物时托盘作为载货平台，在表面托板和下面垫板之间留有可插入货叉的间隙（货叉插入

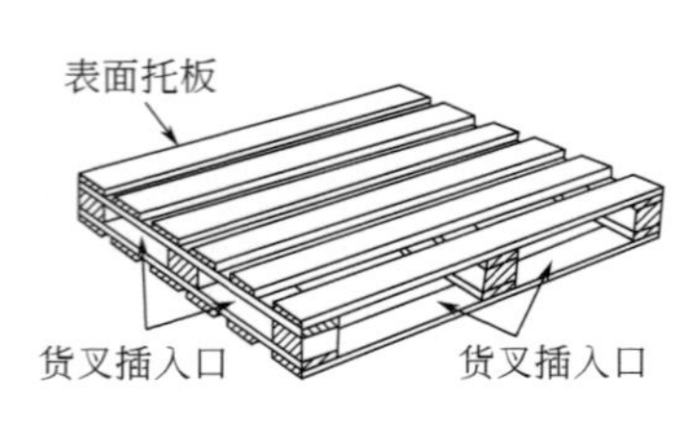

图6.10 托盘

口），通过插入货叉来进行搬运。只保留了表面托板的托盘称为防滑垫板（skid）。

② 集装箱（container） 集装箱是金属制的大型容器，用于装载小物件、杂货等，进行整体搬运。由于搬运时不需要包装及捆包，所以货物的装卸及码垛也都简单，能够反复使用。采用集装箱专用的卡车、列车、船舶等的运输称为**集装箱运输**。为了便于货物管理，将货物集合组装成某一定的单元（unit）称为**单元货载**（unit load，或货物单元、成组货物），物流活动的全程都基于成组货物能够合理进行的系统称为**单元货载系统**。

6.5 仓库管理

6.5.1 仓库管理的概念

仓库是接收货物，在一定的场所进行保管，按照需求进行出入库的建筑物。因此，**仓库管理**旨在防止现货的丢失和损伤的基础上，制成账册，账册中明确标明库存量，能够按照生产现场的要求迅速付出货物，并对放置区域进行整理、整顿。

6.5.2 仓库建筑与仓库设备

（1）仓库建筑

仓库建筑因保管物资的类型、质量、形状、数量以及生产方式等的差异，其结构和大小不同。

① 单层仓库 单层仓库是指单层的平房建筑物，只要有余地就能按照需要扩展空间，相对而言建筑费用便宜，可以快速地进行货物的收取和付出。但从土地的有效利用上来说，不如其他形式。

② 多层仓库 多层仓库是指具有2层或2层以上的楼层，各层都与平房建筑相同。多层仓库虽然能够有效地利用土地，但支撑上层的立柱变粗而数量多，搬运时的上下层移动也成为问题。

③ 立体仓库 立体仓库是指以建筑物的立柱为骨骼，高耸地构建格子状的保管货架（钢架），并将其安装在屋顶和外壁所构成的仓库内。立体仓库具有如下优点。

a. 能够有效地利用土地。

b. 因码垛式起重机的使用，能够缩小通道，而提高空间利用率，货物在高层货架的存取也容易实现。

c. 由于用坐标表示货架的位置，所以利用计算机能够迅速进行货物的存取。

因此，伴随着工厂自动化的发展，立体仓库逐渐变为自动化的立体仓库。这种立体仓库是在一般的立体仓库内设置了码垛式起重机、无人叉车、无人搬运车等，利用计算机指令自动进行货架上的货物或工具等的区分和搬运。这种自动化的立体仓库称为**立体自动仓库**（图6.11、图6.12）。

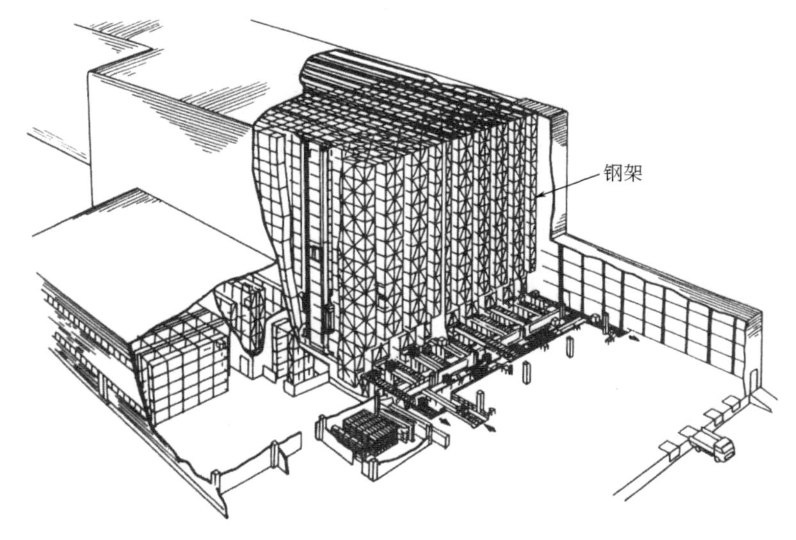

表6.11　立体自动仓库

（2）仓库设备

仓库设备包括**搬运设备**、保管设备、计量设备等。搬运设备根据物资的类型、大小以及重量等的不同配备，有屋顶吊车、码垛式起重机、单轨、电梯、输送带、绞盘、叉车等。

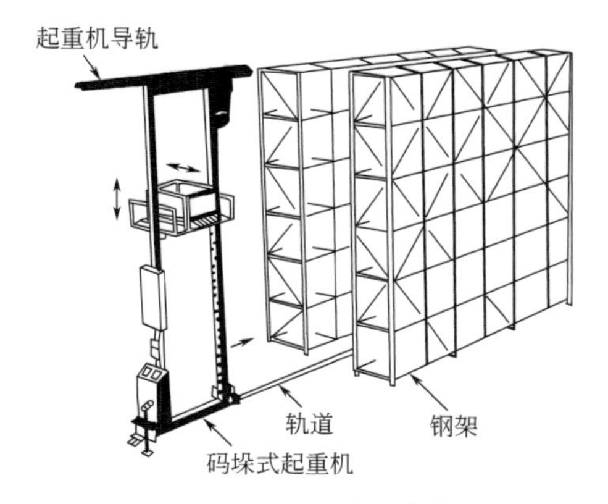

图6.12　立体自动仓库内的货物存取

保管设备有保管货架、台、箱、架、罐等。

另外，由于仓库内的采光和通风都不充分，所以应设置适当的照明和换气装置，在要求避免温度或湿度变化的场合，应配备空调设备。另外，为防备火灾的发生要配备消防设备，并要有能够充分防止盗窃发生的设施。

（3）管理手续

仓库管理的最基本的工作就是：物资入库登记，保管期间的定期盘点，出库时的实物摆放以及记录。其管理手续如下。

① 入库　入库是指完成验收的货物与盖有完成验收的送货单一起或者完成检查的自制品随现货单一起被搬送到仓库，并在库存品台账上记录之后，**入库**保管。

另外，验收是指接收购买的材料或者外协件时，进行质量、形状、数量等的检查，判定合格与否，进行不合格品的返还等，同时收取实物，进行送货单盖章等的票据处理，完成收货的事务性手续。通常希望验收是由独立的部门来完成。

② 保管　**保管**是指对入库的实物进行充分整理的过程。为了易于进行实物的存取以及数量检查，进行库存品的分类、符号化、色彩化以及保管场所的分区和符号化。这些手续因计算机的应用能够得到快速处理。

③ 盘点　盘点是对材料、半成品、产品等的库存品的类型、数量、质量等进行的调查，评价其所具有的价值，比较实物和账册的记录。盘点的目的是检查：库存品的收付和保管是否正常；有无过物资过多、积压物资、不合格品；台账价格和实物的评价价格是否相符等。如果发现台账和实物有出入，应查找原因并进行修正。

盘点有定期进行整体盘点的定期盘点和每天或者以一固定期限按照顺序调查全品种的循环盘点。

④ 出库　在进行物资的**出库**时，使用出库单办理出库手续。出库单一般为一式两份或一式三份，一份作为现货单附同实物交给提货人，其他的作为会计处理凭证送到财务部门或者作为记账凭证由仓库保管。

出库物资的搬运由仓库的搬运人员负责，必须按照提货人的出库要求进行准确配送。

习题

习题6.1　基于1年内的出库数据调查，某种物品1日内需求量的平均数量为250个，呈现为标准偏差为25的正态分布。设订货周期为7日，求解库存缺货概率为5%时的订货点。

习题6.2　某种物品的单价为400日元，估计年度需求量为20000个，每次的采购费用为6000日元，年度库存保管费率为25%，在安全库存量为600个时，求此时的最佳订货量、平均库存量、订单的次数。

习题6.3　采用定期订货法时，按照以下条件的订货量是多少。

订货周期1个月、订货间隔2个月、剩余订货量650个、库存量50个、安全库存量100个、实际的需求量为每月500个。

第7章

设备与工装管理

7.1 设备管理

7.1.1 设备管理的概念

关于生产企业中所说的**设备**[1]的生命周期（life cycle）是指调查、分析、计划、设计、制造、安装、使用、维护以及报废等的全过程。设备管理就是有效地利用设备的整个生命周期、提高企业生产效率、增加收益的管理活动。

设备管理的目的是配置最适合生产的设备，并保持这些设备的性能处于最佳状态，同时，也必须预防伴随设备的运转所发生的公害与灾害。另外，近年来，由于生产技术的迅速发展，加快了机械设备的老化更新，所以有必要在致力于设备维护的同时，选择适当的时期进行设备的更新，以保持设备的先进性。

7.1.2 设备规划

机械设备与产品的质量、价格或者生产方法、能力、时间等的生产工艺和管理都有着极为密切的关系，设备使用适当与否对生产能力有着极大的影响。设备规划与工厂计划和生产计划有着密不可分的联系，因此，将设备规划作为工厂整体计划的一环来考虑是非常必要的。

设备规划的顺序取决于生产计划所决定的生产方式，其顺序为：①生产设备的选择；②确定需要的设备台数；③设备布局方案；④价格预算等。

7.1.3 设备的新设和更新

（1）设备的新设

在选择设备时，要从技术方面、经济方面进行分析与探讨。

① 技术方面　在这种时候，需要探讨：产品所需的质量和精度等级；机械设备的生产效率和维护的难易程度；产品的短期与长期预测需求量等。

② 经济方面　相对于使用新设设备运行所需的投资金额，对比分析效益和费用。

（2）设备更新

将现有的设备更换为新的设备称为设备更新。即使对设备进行充分的保养和

---

[1] 设备是为某种使用目的所配备的工业产品。在企业中，设备有如下5种：①土地、建筑物以及基础设施；②作为建筑物的附属设备，包括空气调节、采暖与制冷、照明、动力、蒸汽、燃气、压缩机、上下水道、净化槽、公害防止等的诸多设备；③作为生产设备，包括机床、装置、夹具类、测量仪器类、其他的辅助设备工具类；④装卸与运输设备；⑤办公用的机械等。在这里，主要以生产设备为中心进行阐述。另外，因为整理和清扫养护等的管理上的需要，所以将土地也划分到设备领域。

维修，设备也会逐年老化，难以长久地保有设备新设时的性能。另外，随着技术进步，当高性能的新设备出现后，现有的设备就成为旧的型号，从生产效率的角度上来说就处于劣势。也就是说，从老化和旧型这两方面来看，设备更新是必要的。

从经济的角度来判断设备是否需要更新有以下方法。

① 资金回收期限法 资金回收期限法是指选择回收投资所需年数最少的设备的方法。

② 成本比较法 成本比较法是指核算使用新设备或者旧设备进行生产时各自需要的成本并进行比较的方法。

③ 投资收益率法 投资收益率法是计算相对新设备或者旧设备的投资额度的年收益率，并对其进行比较分析的方法。

7.1.4 设备的保全

（1）设备保全的概念

保全，也称为保养、维护、维修，是指为保障系统、机器、装置、部件等保持在能使用或者运转的状态，或者出现故障、缺陷时能立即恢复而进行的处理活动。

设备保全活动不仅只是为了保障设备的性能，还与以提高生产效率为目标的生产维护活动有深厚的关系。**生产维护**（production maintenance，PM）是指为了提高企业的生产效率所进行的最经济的维护。

将保全活动进行分类，有以下几种。

① 维护预防（maintenance prevention，MP） 又称保全预防、无维修设计等，是指在设备的设计、生产阶段，就认真改进其可靠性和维修性，从设计、制造上提高质量，从根本上防止故障和事故的发生。

② 日常维护（routine maintenance，RM） 也称日常保全、例行维护，是指日常进行的设备点检、清扫、调整、给油、部件交换等的活动。日常维护的检查表见图7.1。

③ 改善维修（corrective maintenance，CM） 也称改良保全，是指不仅限于在设备发生故障时所进行的维修，而是不断地利用先进的工艺方法和技术，改正设备的某些缺陷和先天不足，提高设备的先进性、可靠性及维修性，提高设备的利用率。

④ 预防性维修（preventive maintenance，PM） 又称定时维修，是指在生产设备发生故障之前，按规定的时间间隔进行停机检查、解体、更换零部件，以预防损坏、继发性毁坏及生产损失，保持设备的工作状态。

⑤ 事后维修（breakdown maintenance，BM） 也称为事后保全或故障维修，是指设备出现故障以后，进行的非计划性维修或者更换零部件等。

班组名称		机台号		日常维护检查表			检查要求	操作者	确保每天都实施，致力于设备异常的早期发现
负责人姓名				次		月		工段长	进行实施状况、巡检状况的检查、异常场所的确认，判断是否提出检修要求
检查标记	○	良好(可以使用)		×	异常(要充分注意)				
	×	需要维修(提出维修申请)		△	需要紧急维修			负责厂长	检查运转、故障状态，采取措施

时间	No.	检查项目		1	2	3	4	5	6	7	25	26	27	28	29	30	31
运转前	1	在各部位的滑动面、齿、轮上的注油是否充分															
	2	注油装置及注油状态是否良好，油液是否没有污染															
	3	滑动面是否没有新的损伤															
运转后	4	各部位的切削粉末是否清扫，抹布是否完好															
	5	机体的尘埃或油污是否擦洗															
定期	6	平衡与重量的关系是否正常															
	7	主轴(或者砂轮)是否没有振动与松动															
	8	各齿轮箱是否没有异常、噪声及振动															
	9	离合器以及启动、停止的功能是否完好															
	10	曲轴的功能是否完好															
	11	液压装置是否完好，各种泵的运动是否完好															
	12	是否有泄漏部位(尤其显著的)															
	13	电气元件是否正常工作															
	14	安全装置是否切实地起作用															
	15	工具精度是否都在公差范围内															
巡回检查		工段长(车间主任)的检查	每周一次巡回检查														
		负责厂长的检查	每月一次巡回检查														
		维修科检查	每月一次巡回检查(项目经理)														

图7.1　日常维护的检查表

⑥ 预知维护（predictive maintenance，PdM）又称预知保全或预测性维修，是按照设备的运转状态，确定维修时期的方法，即在机器运行时，对它的主要（或需要）部位进行定期（或连续）的状态监测和故障诊断，判定设备所处的状态，预测设备状态未来的发展趋势，依据设备的状态发展趋势和可能的故障模式，预先制定预测性维修计划，确定机器应该修理的时间、内容、方式和必需的技术和物资支持。这种方法需要正确、经济的设备诊断技术和监视检测装置，是最有效的方法。

（2）设备保全的内容

依据设备保全活动的分类，设备保全涉及技术、管理和作业方面的内容。

① 技术相关的内容

a. 设备的性能或故障等的分析、改进的研究、更新的探讨。

b. 检查、整备、修理等的标准以及检查表的制订。

c. 图纸的管理。

② 管理相关的内容

a. 保全工作的计划与现场作业的指令记录和报告。

b. 保全相关的预算编制和管控。

c. 设备相关的外购管理。

③ 作业相关的内容

a. 日常检查、定期检查、验收等的检查作业。

b. 给油、清扫、调整、修理等的整备作业。

c. 设备修理所需零件等的加工作业。

7.1.5 设备管理的资料

设备管理所需的资料包括设备配置图、设备说明书与图纸、设备台账、机械设备履历表，这些资料的内容都可以利用计算机来进行记录和保存。

（1）设备配置图

设备配置图是表示机械设备在工厂内安装位置的平面图，只要安装位置有变动，就要进行信息的修订。设备配置图不仅可用于设备管理，还可用于工艺管理和运输管理等。

另外，从维护的角度来看，正确绘制上下水管道、燃气管道以及电气配管与配线等的图纸也是必须的。

（2）设备说明书与图纸

外购设备附带的设备说明书与图纸会成为设备检查与修理时的参考，需要进行统一保管。

（3）设备台账

设备台账是指购买设备时记入其内容的账册。在机械设备的台账中，要记载机械设备名称、顺序编号、性能、制造日期、购买的日期、购买价格、附属品名称、安装地点等。这些内容能够作为设备改进或者更新的参考资料。图7.2是机械设备台账的例子。

(正面)

资产编号		安装场所		名称		保全编号	

制造公司名称	出厂编号	制造日期	购入日期	安装日期	图纸编号	管理重要程度
		年 月 日	年 月 日	年 月 日		A B C

供应商		购入价格		安装费用		变动履历		

规范指标	附属品	安装年月日	安装场所	安装费用

记事	

(背面)

日期	作业分类	维修内容	材料费	人工费	管理费	合计

保全编号		安装场所		名称		资产编号	

图7.2 机械设备台账的例子

（4）机械设备履历表

机械设备履历表记录了设备购入之后的使用状况、修理以及改造等经历，内容包括机械设备名称、顺序编号、安装地点、安装日期、故障部位与时间、维修与改造费用、维修前后的机械精度、其他必要事项等。简单的可用机械台账的背面进行记录（见图7.2）。

7.2 工装管理

7.2.1 工装管理的概念

（1）工装

工装包括夹具（fixture）和工具。

① 夹具　夹具是指在加工过程中，固定工件的同时给切削工具导向的工具。用于安装并固定工件的夹具称为安装夹具。使用夹具就不必要在工件上进行加工位置线（划线）标注了，这样能够缩短加工时间。另外，在装配或熔接等的作业中，也使用夹具来简化部件的位置确定或简化工作程序。

② 工具　工具是指工作时所需用的器具。以机械工业为例，如果按照工具的使用用途分类，有操作人员直接用手使用的手动工具［锤子、扳手、螺钉旋具（螺丝刀）等］、安装在机床上使用的机械工具、尺寸测量用的测量工具、检查用的检查工具以及铸造、锻造、冲压用的模具工具等。另外，机械工具可分为切削工具、磨削工具等。

（2）工装管理的目的

工装管理的目的是基于生产计划而有计划地将最适合生产的工装进行标准化，配备与保管足以满足现场使用要求的工具，从而保证生产的顺利进行。

（3）工装管理的内容

① 特殊工装的研究和设计以及通用工夹具的标准化。

② 工装需要数量的调查。

③ 工装的制作以及采购。

④ 工装的检查、维修以及正确使用方法的指导。

⑤ 工装保管、借出、补充等管理和制度的合理化。

⑥ 工装相关账本的整理和统计。

7.2.2 标准化和管理制度

（1）工装的标准化

为了简化工夹具的管理且提高其效率，重要的是实施工装的形状、尺寸、材质以及部件等的标准化。为此，常用的工装要尽可能统一，如果能符合JIS标准或者商业规范，在质量和价格或者采购等方面都是有利的。

（2）工装的管理制度

工装要分类放置，使在库品种的位置一目了然，并记在账本以及票据上，要始终保持物品和账本上的数量一致。

工夹具要采取适当的方法进行分类并符号化，在货柜上添加编号，并明确进行分区保管。用于分类的符号有英文字母和数字（0 ~ 9）等。另外，由于字母中的I、O、U容易与1、0、V等混淆，所以除特殊情况外最好不要使用。

在工具的管理中需要的账本有工具台账、工具原始账簿等。这些台账记录了工具的名称、管理编号、尺寸、材质、功能、价格、入库量、发放量、订货量、报废量、现有量等，它是以机械台账为基准而制成的。

（3）工具的借出和返还

① 借出的种类　根据借出期间进行分类，有短期借出和长期借出；根据借出人进行分类，有个人借出、集体借出、负责人借出。

② 借出的方法　工具的借出和返还有以下方法。

a. 物件牌制度。在金属或者塑料制的物件牌上刻有作业人员的名字或者编号，将一定枚数的物件牌交给仓库管理员时，按照每1枚交换1件的比例借出所需要的工具，在返还工具时，返回与工具交换的物件牌。物件牌制度又可分为单枚物件牌制和多枚物件牌制。

单枚物件牌制是按照一枚物件牌借出一件工具，物件牌挂在存放工具的位置或者挂在借出记录用的工具板上。**多枚物件牌制**是一枚物件牌挂在工具存放的位置，另一枚物件牌挂在作业人员名牌的位置上。

b. 借用票制度。借用票制度是指当作业人员从工具室借用工具时，提交填写工具名称、数量、作业场所、作业人员名等的借用票的制度。这与物件牌制度相同，也有单票和多票之分。另外，当长期借用工具使用时，借出票上除了记载工具名称、作业场所、作业名称之外，还应记载借出预定期间、借出日期、领用日期等信息。借用票是在作业着手之前，流转到工具室进行借出准备，作业开始时就成为借出票，作业结束时即为返还票。

由于借用票制在处理上要花费一定时间，而物件牌制不利于大量工具的借出，只可用于工具数量较少的小工厂或者特殊工具，所以，除此之外，还有同时采用两种方法的，即短期的借出采用物件牌制度，长期借出采用借用票制度。

7.2.3　计算机的有效利用

工装的管理和借出手续等都可以用计算机来处理，然后将数据保存在存储装置中，这样有利于夹具的管理。

第8章

质量管理

8.1 质量管理及其发展

8.1.1 质量管理的概念

企业生产出来的产品或服务质量（quality）是指产品或服务满足使用目的的程度，具体地说，产品或服务能成功满足消费者需求的程度就是质量。

质量管理（quality control，QC），就是以符合消费者的要求质量为目标，用最经济的手段生产出产品的活动。

8.1.2 质量管理的发展

在工业生产的初期，质量管理就是逐个检验产品以排除不合格品的检验活动。但是，越来越精巧的产品被大量生产出来以后，逐个检验产品就需要花费大量的时间和费用。

为了解决这个问题，在工业产品的质量管理中引入了统计方法，只要从全部产品中抽取一部分产品进行检测，就能够对全部产品整体质量作出判断。这样的管理方法称为统计质量管理（statistical quality control，SQC）。

早期的质量管理被认为只是直接从事生产活动的生产部门的工作，但是，为了尽可能便宜快捷地提供能够满足消费者质量要求的产品，进一步提高质量管理的效果，就必须有全员的参与和协作。这样的质量管理活动称为全面质量管理（total quality control，TQC）。进而，从重视经营与管理的视角、顺应国际化等角度出发，对QC进行了重构，用M替换了C，将TQC的简称改为TQM（total quality management）。

8.2 质量特性值和偏差

8.2.1 质量特性值的概念

一般而言，质量好是指这个产品具有性能好、使用方便、寿命长、稳定性好、外观与包装良好、保管方便等特性。

以钢笔为例，我们可以从墨水出水的方式、笔尖的粗细或硬度、握笔是否方便、外观等方面判断其质量。

这些涉及决定质量价值的性质或性能就称为**质量特性**。质量特性能够测定并用数值表示出来的值称为**质量特性值**，简称为**特性值**或**测定值**。在进行产品的评价或质量管理时，需要从产品所具有的众多质量特性中，选择最重要的特性，如使用目的等进行测定和评判。

8.2.2 质量特性值的偏差

以某些质量特性值为目标进行实际生产时，完成的产品其性能或形状必然会与目标有些波动，没有波动的生产是难以实现的。这个波动称为**偏差**，偏差是因为产品生产过程受原材料、设备、操作者等因素的影响导致的。

偏差自然是越小越好，但是想要得到的偏差越小花费的成本也就越多。另外，即使将偏差做到非常小，将质量提升到很高，产品的市场价值也不一定就能随之提升。所以，产品的生产者必须从技术、经济的角度出发来确定偏差的范围。这个质量偏差范围称为**尺寸公差**或是**标准公差**。

8.3 数据的处理

8.3.1 数据与统计方法

（1）数据

数据是指资料、信息或者是测定值等。例如，表8.1（a）看起来所表示的只是数值的集合，但是，将这些数值用于质量管理的话，它就代表了测定的某物品的尺寸或重量的质量特性值，这些数值就是我们这里所说的数据。

表 8.1 数据及其整理

（a）数据例子

57	18	27	46	61
64	66	62	63	48
54	51	82	71	33
45	57	52	45	53
34	42	61	52	58
43	74	65	58	47
49	49	55	69	28
78	56	69	36	67
21	76	14	56	57
66	53	35	43	62

（b）数据的划分

组	频数符号	频数
0 ~ 9		0
10 ~ 19	//	2
20 ~ 29	///	3
30 ~ 39	////	4
40 ~ 49	卌 卌	10
50 ~ 59	卌 卌 ////	14
60 ~ 69	卌 卌 //	12
70 ~ 79	////	4
80 ~ 89	/	1
90 ~ 99		0
合计		50

为了有效地推进质量管理工作，需要对这些质量特性数据进行比较分析、研讨、判断。此时，可利用以下这些统计方法，作为收集数据并将其归纳整理进行正确判断时所需要的方法。

（2）统计方法

当面对表8.1（a）所列的数据时，如果想要知道这些数据的特性，单凭肉眼简单观察，只能知道其最大值是82，最小值是14。

如果像表8.1（b）所示的那样，将表8.1（a）的数值分成10组，将属于各组数值区间内的数值的数量（称为频数）用符号记录下来，则可以知道这组数据的数值集中在10 ~ 80的区间范围内，以50 ~ 59区间为顶点，数据分布成山峰形状。

像这样记录数据，来了解这组数据分布所具有的某种特征的方法就是统计。以这个思路为基础，解答如何整理数据、用什么样的图表形式或数式表示这组数据，或者如何读取等问题的方法就是**统计方法**。

8.3.2 总体与样本

收集数据进行调查时，作为调查研究对象的工序或批号中的材料、零部件或产品等的特性的全部集合称为**总体**。

为了调查特性而从这个总体中抽取出的数据称为**样本**（sample）或者**试料**、**标本**等。总体和样本的关系如图8.1所示。

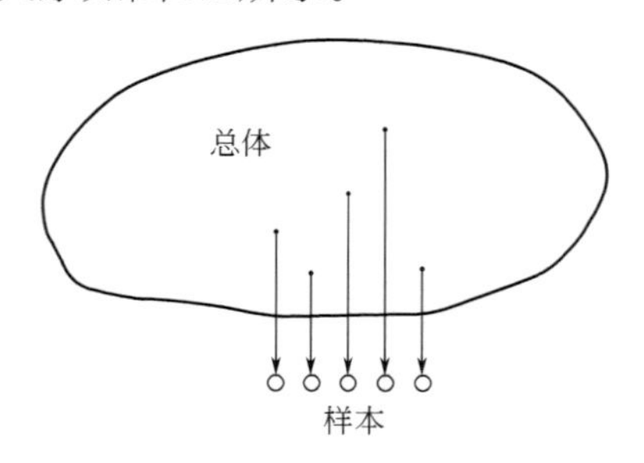

图8.1　总体与样本的关系

例如，现有某种条件下生产的5000个灯泡，为了调查灯泡的质量特性，从中抽取100个灯泡，则5000个灯泡的集合就是总体，“5000”称为**总体的大小**。而作为抽取的数据100个灯泡的集合就是样本，“100”就称为**样本的大小**。

从产品、零部件、原材料等总体中，抽取出样本的收集数据的过程称为**取样**（sampling）、**抽样**、**试料采集**等。取样的过程必须保证样本能够准确地代表总体特性，其基本方法是**随机抽样**（random sampling）。**随机**又称为随意，随机是指不按照特定的规律或人的意愿、情感和习惯，完全依靠偶然来进行。

采用随机抽样，就是总体的任意部分都具有相同的被抽取的概率，可被公平地抽取。例如，螺母等小物品，将其放入容器里，充分搅拌后，再进行所需数量的取样。一般，可以利用各自相同出现的概率排列的乱数表或使用乱数骰子等，用0 ~ 9的数字对物品进行编号，对已编号的物品进行乱数处理后，再对所示号码的物品进行抽样。

8.3.3 基本的统计方法

应用统计方法来对所收集的数据进行分析，有数据的图示化和公式化两种求解方法。

（1）数据的图示化

① 特性要因图　特性要因图是一种可以清晰地表达产品质量特性与影响质量特性的因素（重要原因）之间关系的图，如图8.2所示。特性要因图因其形状很像鱼刺，亦称为鱼刺图。

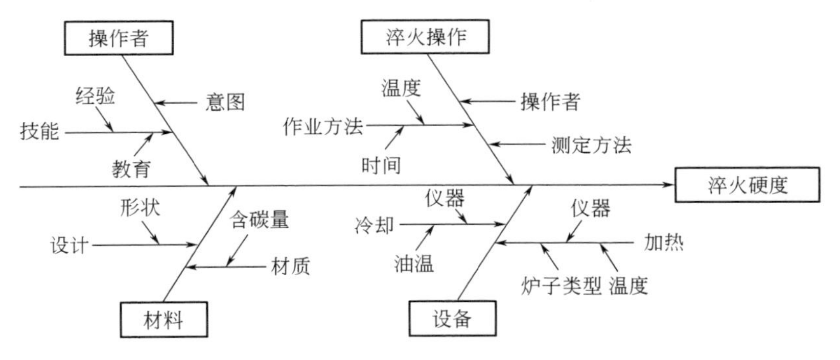

图8.2　特性要因图

可通过头脑风暴法，将多数人的意见整理在一张特性要因图中，作为进行问题分析和制订改进措施的资料。

② 帕累托图　将众多事物，按照各自拥有的特征来进行划分时，被分到一起的某一部分的事物就称为**层**。例如，生产某种产品时，如果从A、B、C的三个公司采购了原料，则A公司的产品总体、B公司的产品总体、C公司的产品总体就构成了各自的层。对于工序而言，除了原材料外，还可以按照机械类型、操作者类型、时间段等特征来划分层。当这些不同特征的多个团体混合在一起时，从中按照相同的特征来进行层次区分的方法就称为**分层法**。

分层法可以将工厂里发生的产品的不合格或缺陷、机械的故障、灾害的内容、在库品的用途等内容或发生的原因进行分层（分类、分组）。将**分层的内容**绘制成直方图形，并按件数或金额的大小顺序排列，之后绘制累计折线就成了**帕累托图**，如图8.3所示。**帕累托图**中的折线称为**帕累托曲线**。根据帕累托图，就能够确定：

a. 不合格或有问题的产品占整体的比例；

b. 哪类不合格最多，不合格的顺序是什么样的；

c. 减少哪种不合格项，能够在多大程度上减少整体不合格的比例。

这样一来，就能够准确地判断需要改进的瓶颈因素，从而进行高效率的重点管理。

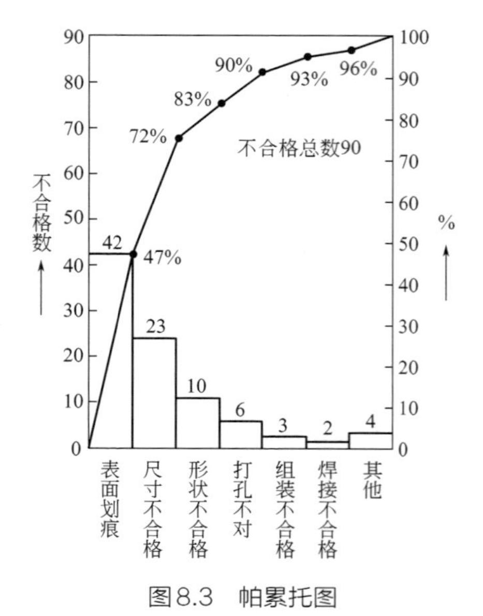

图8.3 帕累托图

③ 直方图 当抽取大量数据时，将这个数据按照最小值到最大值的范围划分成几个区间（组），把各区间内的数据中重复出现的**频数**按照顺序排列，称为**频数分布**，如表8.1（b）所示。将这个频数分布状态用直方柱的高度表示的图称为**直方图**（histogram）或者**柱形图**。

现有，抽取得到的100个测定值如表8.2所示，以这个数据为例，绘制直方图，具体步骤如下。

表8.2 分组的测定值

样本编号	组编号									
	1	2	3	4	5	6	7	8	9	10
1	2.13	○2.19	2.18	△2.17	2.20	△2.19	2.23	△2.21	2.24	2.31
2	△2.12	△2.13	2.19	2.18	2.21	2.23	2.22	2.24	2.27	2.33
3	2.14	2.17	△2.17	2.21	2.20	2.22	○2.25	2.24	2.26	2.29
4	2.13	2.14	2.18	2.20	△2.19	2.19	2.25	2.25	△2.23	2.30
5	2.15	2.15	2.20	2.19	2.22	2.23	2.24	2.22	2.27	2.28

续表

样本编号	组编号									
	1	2	3	4	5	6	7	8	9	10
6	2.17	2.17	○ 2.22	○ 2.22	○ 2.23	○ 2.25	2.25	2.26	○ 2.29	△ 2.26
7	2.15	2.16	2.18	2.21	2.22	2.22	△ 2.20	2.23	2.26	2.37
8	○ 2.20	2.17	2.20	2.20	2.20	2.24	2.24	2.27	2.29	○ 2.38
9	2.18	2.16	2.21	2.20	2.23	2.22	2.22	○ 2.28	2.28	2.30
10	2.19	2.17	2.22	2.22	2.21	2.24	2.23	2.26	2.27	2.32
最大值	2.20	2.19	2.22	2.22	2.23	2.25	2.25	2.28	2.29	◎ 2.38
最小值	▲2.12	2.13	2.17	2.17	2.19	2.19	2.20	2.21	2.23	2.26

注：△—小值；○—大值；◎—最大值；▲—最小值。

a. 确定分组的组数。组（区间）数的选取通常以测定值数量的平方根为基准，一般为5~20。具体地说，因为测定值是100，所以$\sqrt{100}$=10，因此分组的组数设置为10。

b. 确定小组的组距。小组的组距是用每个小组数据中的最大值减去最小值的差除以组数的近似值。如最大值和最小值分别为2.38、2.12，虽然（2.38−2.12）÷10=0.026，但因为各测定值的最小值为0.01，所以将0.026四舍五入得组距为0.03。

c. 确定小组的界限值。小组的界限值是数据单位的1/2，即0.01×1/2=0.005。

d. 编制频数分布表。第1组区间的确定：因为组距为0.03，小组的中心值为2.12，所以取±0.015则有2.105~2.135。其他小组以此类推，一直划分到第10组。将各区间内数据的频数用频数标记符号（卌）的方式记入并统计，得到频数分布表，如表8.3所示的。

表 8.3 频数分布表

No.	组（区间）	组的中心	频数符号	频数
1	2.105 ~ 2.135	2.120	////	4
2	2.135 ~ 2.165	2.150	卌 //	7
3	2.165 ~ 2.195	2.180	卌 卌 卌 ////	19
4	2.195 ~ 2.225	2.210	卌 卌 卌 卌 卌 ///	28
5	2.225 ~ 2.255	2.240	卌 卌 卌 卌	20
6	2.255 ~ 2.285	2.270	卌 卌 //	12

续表

No.	组（区间）	组的中心	频数符号	频数
7	2.285 ~ 2.315	2.300	𝍸 /	6
8	2.315 ~ 2.345	2.330	//	2
9	2.345 ~ 2.375	2.360	/	1
10	2.375 ~ 2.405	2.390	/	1
	合计			100

e. 绘制直方图。根据表8.3的数据，在横坐标上画出各小组的区间，在纵坐标上画出各小组的频数，形成的直方图如图8.4所示。

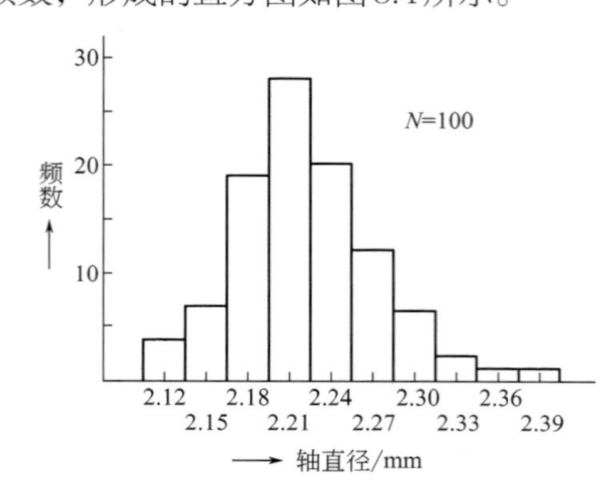

图8.4　直方图

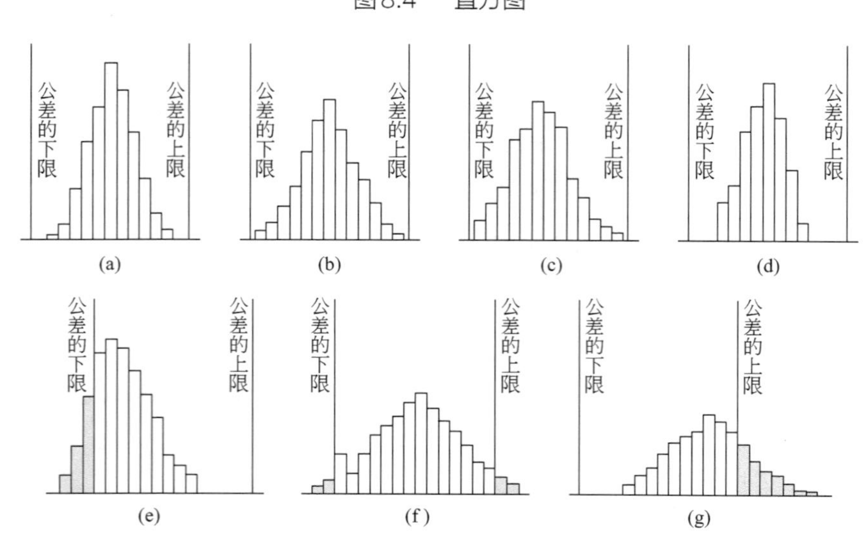

图8.5　直方图与公差的比较

将直方图中的分布状态与公差范围进行比较分析，就可以判断生产中的工序能力或公差值等是否满足要求，如图8.5所示。在图8.5中，图（a）~图（d）是满足公差要求的例子，图（e）~图（g）是没有满足公差要求的例子，其中图（a）表示的是最理想的状态。图（b）、图（c）则是需要略微提高工序能力的状态；图（d）需要考虑的是通过减小公差范围实现更高的质量，还是保持现行的公差要求不变，同时适当放松管理从而降低成本；图（e）必须采取使平均值接近公差中心的措施；图（f）是因为偏差大，所以必须采取措施，改进工序的加工精度或是放宽公差要求；图（g）则是必须进行全面改进以提高工序能力。

（2）数据的公式化

对图8.5所示直方图的各个分布状态进行比较分析时，只需查看其集中趋势和偏差幅度这两个特征即可，就是想要知道各个总体是否具有相同的特性，只需将抽取数据的集中趋势和偏差用公式来表示，分析求解得到的数值即可。

① 集中趋势　作为集中趋势，除了常用的算数平均值外，还有中位数、众数等。

a. 算术**平均值**。算术平均值是指将所有数据累加后得到的总和除以数据的个数得到的值，一般用$\bar{x}$表示。

测量5个物品的质量，分别为18.7g、20.3g、19.4g、18.0g、19.7g，则这五个物品质量的平均值为：

$$\frac{1}{5}(18.7\text{g}+20.3\text{g}+19.4\text{g}+18.0\text{g}+19.7\text{g})=\frac{96.1\text{g}}{5}=19.22\text{g}$$

可以采用符号来代替上面的计算，若现有n个样本分别为x_1，x_2，…，x_n，则其算术平均值可用下面公式表示。

$$\bar{x}=\frac{1}{n}(x_1+x_2+\cdots+x_n) \tag{8.1}$$

b. 中位数（中点值）。将n个数据按从小到大的顺序排序时，若n为奇数，位于正中间的一个数值称为中位数或是**中点值**，用$\tilde{x}$表示；若n为偶数，中位数就是中间两个数的平均数。

对于a中例子，将5个物品的质量按从小到大的顺序排序，则有18.0g、18.7g、19.4g、19.7g、20.3g，此时中间位置的数值为19.4g，所以$\tilde{x}$=19.4g。如果，数据为18.0g、18.7g、19.1g、19.7g、20.1g、20.5g时，中位数为第三个和第四个数据的平均值，求解方法如下。

$$\tilde{x}=(19.1\text{g}+19.7\text{g})\div 2=19.4\text{g}$$

c. 众数。**众数**是指一组数据中出现次数最多的数值，又称为最频数，用M_0表示。

在图8.4所示的直方图中，各组的代表值为2.12、2.15、2.18、2.21、2.24、2.27、2.30、2.33、2.36、2.39，这些数值中出现频数最多一组的代表值是2.21，所以M_0=2.21。

② 偏差　偏差可用**标准偏差**与**极差**来表示。

a. 偏差与平方和。**偏差**是指样本内的个别测定值与平均值的差，即$x_i-\bar{x}$（i=1，2，…）。

有时，直接求解一个群体内的各个偏差之和，其答案可能是这个群体内各个偏差的总和为0。例如，假设有2、5、3、6四个数字，其平均值为（2+5+3+6）/4=4。于是，各个数字的偏差为2-4=-2，5-4=1，3-4=-1，6-4=2，这些偏差总和是-2+1-1+2=0。在偏差总和是0，其平均值也为0的情况下，0这个值就不能准确地描述偏离情况了。这时，采用各偏差的平方，求解偏差平方总和，如下所示。

$$S=(x_1-\bar{x})^2+(x_2-\bar{x})^2+\cdots+(x_n-\bar{x})^2 \tag{8.2}$$

S称为**平方和**或**偏差平方和**。

b. 方差与样本方差。因为平方和S是各个偏差平方以后的总和，为将其回归到各自的单位量，必须除以n，即S/n，称为**方差**，涉及样本时，可用符号s^2（总体则为σ^2）表示。另外，S除以（$n-1$）后得到的值称为**样本方差**，可用符号V表示。

c. 标准偏差。因为方差或样本方差是平方单位，求解其平方根后得到的数值通常称为**标准偏差**，用符号s表示。可使用这个标准偏差值表示数据的偏差，即标准偏差可用$s=\sqrt{s^2}=\sqrt{S/n}$来求解。一般，当n的值极小时，由于S的值具有随之变小的性质，所以此时使用的样本标准偏差，可用下式进行求解。

$$s=\sqrt{V}=\sqrt{\frac{S}{n-1}} \tag{8.3}$$

d. 极差R。极差是指一组数据中最大值与最小值的差，可用下式表示。

$$极差R=最大值-最小值 \tag{8.4}$$

设样本的测定值为18.0、18.7、19.1、19.7、20.1、20.5，最大值为20.5，最小值为18.0，所以此数据的极差R为

$$R=20.5-18.0=2.5$$

因为计算简单，用极差来表示偏差的方法使用方便。但是当测定值的数量很多时，度量的精度会变差，所以一般在数据的个数小于10的情况下采用极差。

【例8.1】根据5个数据（25.1、23.1、24.8、22.1、23.7），求解平均值$\bar{x}$，中位数$\tilde{x}$，极差R，平方和S，样本方差V，标准偏差s。

【解】① 平均值可根据式（8.1）计算

$$\bar{x}=\frac{1}{n}(x_1+x_2+\cdots+x_n)=\frac{1}{5}\times(25.1+23.1+24.8+22.1+23.7)$$
$$=\frac{118.8}{5}=23.76$$

② 因为中位数$\tilde{x}$是测定值的中间值，所以$\tilde{x}$=23.7。

③ 极差可根据式（8.4）计算

$$极差R=最大值-最小值=25.1-22.1=3.0$$

④ 平方和S可根据式（8.2）计算

$$S=(x_1-\bar{x})^2+(x_2-\bar{x})^2+\cdots+(x_n-\bar{x})^2$$
$$=(25.1-23.76)^2+(23.1-23.76)^2+(24.8-23.76)^2$$
$$+(22.1-23.76)^2+(23.7-23.76)^2$$
$$=6.072$$

样本方差为

$$V=\frac{S}{n-1}=\frac{6.072}{5-1}=1.518$$

⑤ 根据公式（8.3），标准偏差s为

$$s=\sqrt{V}=\sqrt{1.518}=1.232$$

8.3.4 正态分布

在图8.4所示的直方图中，不断地增加测定值X的取样数量，缩短各组组距，数据不断继续增加，连接各个柱体顶端形成的折线就非常接近于图8.6所示的连续曲线，这个连续曲线就称为**正态分布曲线**，这样的分布称为**正态分布**，正态分布可用下面的公式表示。

$$y=\frac{1}{\sigma\sqrt{2\pi}}e^{-\frac{1}{2}\left(\frac{x-\mu}{\sigma}\right)^2}\quad(-\infty<x<\infty) \tag{8.5}$$

此时，e是自然对数的底数，取e=2.718，σ 表示母体标准偏差（母体是母群体的含义），μ 表示母体均值，∞表示无限大。

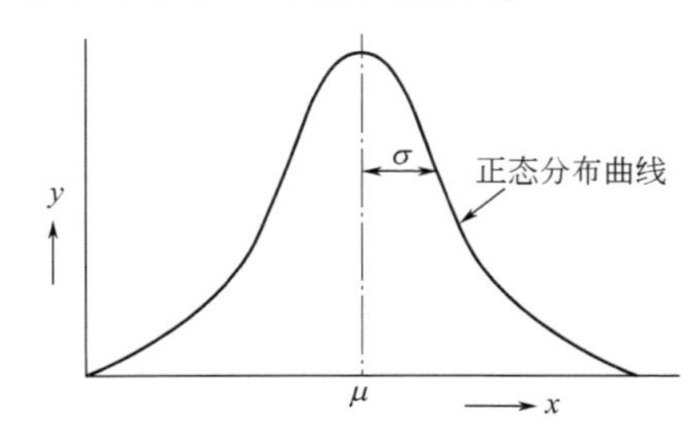

图8.6 正态分布曲线

式（8.5）看起来非常复杂，但是，仔细观察它的结构便可知，除了常数 π 、e以及测定值的变量x以外，此式就由表示分布中心的 μ 和表示偏差幅度的 σ 构成了。因此，正态分布的形状是由 μ 和 σ 来决定的。为了确定 μ 、σ 和测定值x的关系式，将正态分布的横坐标x的单位换成标准偏差 σ 的单位，设k为 σ 的倍数则可得到以下的公式。

$$k=\frac{（测定值-平均值）的绝对值}{标准偏差}=\frac{|x-\mu|}{\sigma} \tag{8.6}$$

将式（8.6）变换后，得到下式。

$$x=\mu+k\sigma \tag{8.7}$$

根据这些公式可知，它表示x的位置是从分布中心 μ 到 σ 的k倍的地方。

从以上的关系可知，在图8.7所示的正态分布曲线内，阴影部分面积占曲线与x坐标轴之间的全体面积的比例为P，根据P与k的关系，可用预先计算出的正态分布表（表8.4）中的数值进行求解。

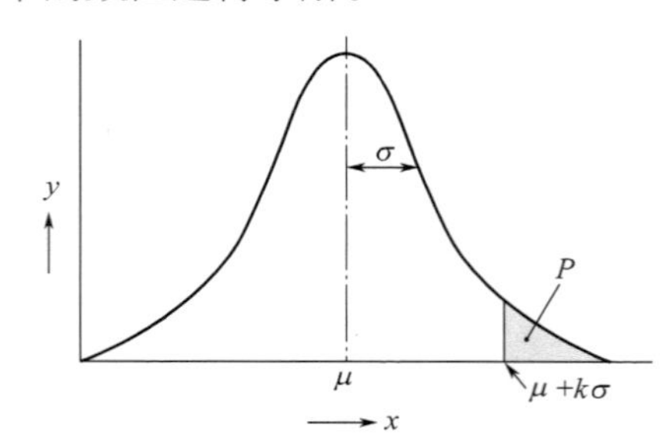

图8.7　正态分布曲线内的面积比例

表8.4　正态分布表

k	P
0.5	0.3085
1.0	0.1587
1.5	0.0668
2.0	0.0228
2.5	0.0062
3.0	0.0013

注：具体的请参照JIS Z 9041-1（表13：正态分布表）。

如图8.8所示，公差要求为51.0±3.0的生产工序所生产出来的产品信息：平均值为50.0，标准偏差为2.0，在正态分布情况下，求此时生产的不合格品数的比例，也就是说求解不合格品率P（不合格品数/产品的数量）。

根据公式（8.6），超过最大值（51.0+3.0=54.0）的有

$$k=\frac{|x-\mu|}{\sigma}=\frac{|54-50|}{2}=2.0$$

由表8.4，得P=0.0228。

低于最小值（51.0-3.0=48.0）的有

$$k=\frac{|x-\mu|}{\sigma}=\frac{|48-50|}{2}=1.0$$

由表8.4，得P=0.1587。

于是，不符合公差标准要求的不合格品率为

$$0.0228+0.1587=0.1815\approx 18\%$$

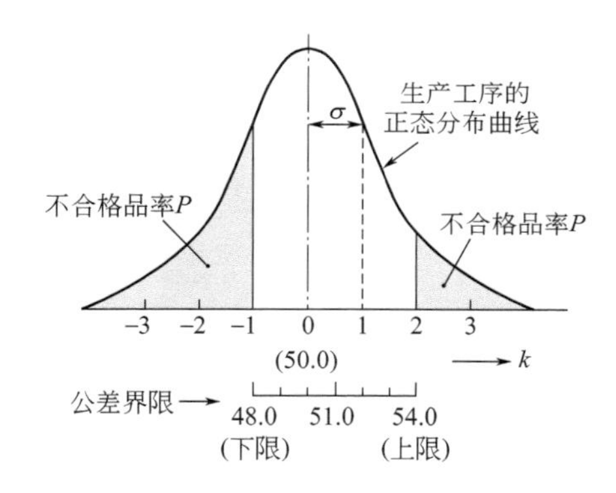

图8.8 表示不合格品率的正态分布

根据公式（8.7），σ 的k倍数的值为 ±1、±2、±3，如图8.9所示。若不在$k\sigma$ 区间内的比例（图中的面积）为P_k，从左到右则为$2P_k$。若曲线与横坐标轴包围的总面积为1，则 $\pm k\sigma$ 内的面积可表示为（$1-2P_k$）。以μ 为中心，求解得到 $\pm\sigma$、$\pm 2\sigma$、$\pm 3\sigma$ 各区间内面积所占总面积的比例如下。

① $\mu\pm\sigma$ 区间内面积占总面积的比例

P_1=0.1587，所以 1-（2×0.1587）≈68.3%

② $\mu\pm 2\sigma$ 区间内面积占总面积的比例

因为P_2=0.0228，所以 1-（2×0.0228）≈95.4%

③ $\mu\pm 3\sigma$ 区间内面积占总面积的比例

因为P_3=0.0013，所以 1-（2×0.0013）≈99.7%

由此可以看出，③表示的是从平均值μ 到 $\pm 3\sigma$ 的区间（$\mu-3\sigma$ 与 $\mu+3\sigma$ 之间），在这个区间几乎包含了所有的测定值，这就是**3σ 准则**。8.4节所述的各种控制图，就是以**3σ 准则**作为确定**控制界限**的基本方法的。

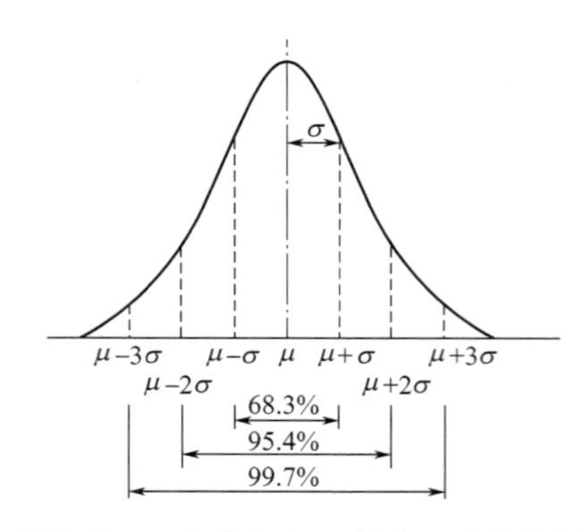

图8.9　正态分布和 σ 单位区分的比例

8.4　控制图

8.4.1　控制图的概念

控制图是指为了判断生产工序是否处于稳定状态，或者为了持续保持工序稳定状态而使用的图。

控制图是以统计量平均值为中心线，在中心线上方和下方各绘出一根控制界限线。在这个图中，还有按时间顺序测得的产品质量特性数值点及其连接线，如图8.10（a）所示，如果这些点都在控制界限之内，并且这些点的排列是随机的，就可以判断该生产工序处于稳定状态。但是，如图8.10（b）所示的那样，如果在这些点中，有不在控制界限之内的点，或者这些点的排列不是随机的，就可以判断该生产工序处于失控状态，必须查明原因并采取措施。

一般，根据数据求得的标准偏差，应用8.4节中所述的正态分布的3σ 准则，确定控制界限。控制界限是从中心线到3倍标准偏差的上下宽度的位置所画的线。

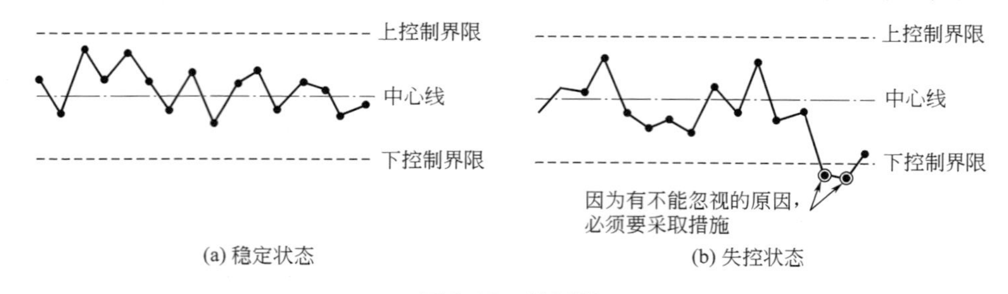

图8.10　控制图

8.4.2　控制图的类型

根据质量特性的类型，控制图可以分为计量值控制图和计数值控制图。

计量值是指可以连续取值的质量特性值，如长度、质量、时间、强度、消费量等。在计量值控制图中，常用的有$\bar{x}-R$控制图。

计数值是指不能连续取值（整数）只能求得个数的特性值，如不合格品的数量或缺陷数等。在计数值控制图中，常用的有P控制图、Pn控制图、c控制图以及u控制图等。

$\bar{x}-R$ 控制图数据卡

No.150

产品名称		轴	生产指令编号		A-385	期间	自7月3日
质量特性		外径	工作点		PM		至7月3日
测量单位		0.01mm	定额日产量		700	机械编号	L-35
标准公差	最大		样本	大小	5	操作员	
	最小			间隔	每小时	检验员印章	
标准编号		AR-320	测定器编号		No.5		

时间	小组编号	测量值					合计	平均值	极差	备注
		x_1	x_2	x_3	x_4	x_5	$\sum x$	$\bar{x}$	R	
3-9	1	34.32	34.49	34.30	34.43	34.40	171.94	34.388	0.19	
10	2	34.37	34.46	34.33	34.36	34.25	171.77	34.354	0.21	
11	3	34.39	34.44	34.37	34.28	34.42	171.90	34.380	0.16	
12	4	34.39	34.38	34.31	34.32	34.37	171.77	34.354	0.08	
14	5	34.36	34.34	34.27	34.25	34.35	171.57	34.314	0.11	
15	6	34.38	34.32	34.47	34.51	34.41	172.09	34.418	0.19	
16	7	34.36	34.45	34.42	34.33	34.39	171.95	34.390	0.12	
4-9	8	34.45	34.35	34.37	34.38	34.32	171.87	34.374	0.13	
10	9	34.40	34.32	34.46	34.35	34.41	171.94	34.388	0.14	
11	10	34.31	34.35	34.43	34.37	34.28	171.74	34.348	0.15	
12	11	34.24	34.41	34.37	34.44	34.38	171.84	34.368	0.20	
14	12	34.32	34.45	34.40	34.35	34.31	171.83	34.366	0.14	
15	13	34.33	34.40	34.53	34.37	34.42	172.05	34.410	0.20	
16	14	34.35	34.45	34.33	34.38	34.40	171.91	34.382	0.12	
5-9	15	34.38	34.28	34.32	34.43	34.37	171.78	34.356	0.15	
10	16	34.30	34.38	34.34	34.41	34.33	171.76	34.352	0.11	
11	17	34.42	34.45	34.38	34.32	34.36	171.93	34.386	0.13	
12	18	34.40	34.44	34.36	34.30	34.37	171.87	34.374	0.14	
14	19	34.35	34.38	34.45	34.37	34.41	171.96	34.392	0.10	
15	20	34.32	34.39	34.37	34.41	34.35	171.84	34.368	0.09	
	21									
	22									
	23									
	24									
	25									
	26									
	27									
	28									
	29									
	30									
						计		687.462	2.86	

$\bar{x}$ 控制图

UCL的值=$\bar{\bar{x}}+A_2\bar{R}$=34.456

LCL的值=$\bar{\bar{x}}-A_2\bar{R}$=34.290

R控制图

UCL的值=$D_4\bar{R}$=0.302

LCL的值=$D_3\bar{R}$=——

$\bar{\bar{x}}$=34.373　　$\bar{R}$=0.143

n	A_2	D_4	D_3
4	0.729	2.282	—
5	0.577	2.114	—

记录

图8.11　$\bar{x}-R$控制图数据卡的例子

8.4.3 控制图的绘制方法

（1）$\bar{x}$-R控制图

$\bar{x}$-R控制图的绘制步骤如下。

步骤1：收集数据

收集生产管理中重要的质量特性数据，同时记录测定时间、总体（批量）、机械类别、工序等。

步骤2：统计数据

平均4~5个数据为一个组，抽取20~25组样本进行测定，并将测定的数据记录到统计数据表中，按照图8.11所示记录于表中。

步骤3：计算平均值$\bar{x}$

计算各组样本的和，并将其除以样本的大小n以求得各组的平均值$\bar{x}$。在数据表中，第1组平均值为

$$\bar{x}=（34.32+34.49+34.30+34.43+34.40）/5=171.94/5=34.388$$

步骤4：计算极差R

$$R=（最大值）-（最小值）=34.49-34.30=0.19$$

步骤5：绘制统计的点

以步骤3求得的$\bar{x}$值和步骤4求得的R值作为统计的点，并将它们描绘到各自的控制图的专用纸上。

步骤6：计算总平均值$\bar{\bar{x}}$

计算每个小组$\bar{x}$的总和，并将其除以小组的数量20求得$\bar{\bar{x}}$。

$$\bar{\bar{x}}=687.462/20=34.373$$

步骤7：计算R的平均值$\bar{R}$

计算各组R的总和，并将其除以小组的数量20求得$\bar{R}$。

$$\bar{R}=2.86/20=0.143$$

步骤8：求解控制界限

基于3σ准则与样本大小的关系所确定的控制图的系数如表8.5所示。各个控制界线可以通过下面的公式和表8.5来求解（在本例中，n=5时，A_2=0.58，D_4=2.11）。

表8.5　$\bar{x}$-R控制图的系数表

样本大小 n	$\bar{x}$控制图	R控制图	
	A_2	D_3	D_4
2	1.880	—①	3.267
3	1.023	—①	2.574

续表

样本大小 n	$\overline{x}$控制图	R控制图	
	A_2	D_3	D_4
4	0.729	—①	2.282
5	0.577	—①	2.114
6	0.483	—①	2.004
7	0.419	0.076	1.924
8	0.373	0.136	1.864
9	0.337	0.184	1.816
10	0.308	0.223	1.777

① 不考虑下控制限。

平均值$\overline{x}$的控制图

中心线（CL）=$\overline{\overline{x}}$=34.373

上控制界限（UCL）=$\overline{\overline{x}}+A_2\overline{R}$=34.373+0.577×0.143=34.456

下控制界限（LCL）=$\overline{\overline{x}}-A_2\overline{R}$=34.373−0.577×0.143=34.290

极差R的控制图

中心线（CL）=$\overline{R}$=0.143

上控制界限（UCL）=$D_4\overline{R}$=2.114×0.143=0.302

下控制界限（LCL）=$D_3\overline{R}$……不考虑

步骤9：绘制控制图的控制线

以$\overline{\overline{x}}$的数值以及$\overline{R}$的数值横向画出的实线就是$\overline{x}$控制图与R控制图的中心线；以UCL与LCL的数值在中心线的上下方用虚线画出的就是上控制线（界限）和上控制线（界限）。

步骤10：记入控制线以外的符号标记

用⊙的符号标记出控制界限上的点，或者用○的符号标记出控制界限之外的点。当出现控制界限之外的点时，需要调查原因，为防止再发生而采取措施，并重新计算控制线。

通过上述步骤来绘制控制图，就能够绘制出图8.12所示的$\overline{x}-R$控制图。

（2）P控制图（不合格品率控制图）

测定100个产品，100个产品中有5个不合格品，则不合格品率用P=5/100=0.05或者0.05×100=5%（不合格品的百分率）表示。

不合格品率的控制图就是P控制图，P控制图用于以产品和零部件外观和极限规格来检查产品和零部件外形尺寸时确定的不合格品率的场合。P控制图与不合格品数的Pn控制图一样，在工厂现场对工序进行控制时，使用起来非常便利。

$\bar{x}$-R控制图

产品名称	轴	标准编号		AP-320	生产指令编号	A-385	期间	7.3～5
质量特性	外径	公差标准	最大		工作点	PM	检验员	
测量单位	0.01mm		最小		定额日产量	700		
测量方法	使用微米级仪表	试料	大小	5	机械编号	L-35	工艺员	
测定器编号	No.5		间隔	每小时	操作员	清水		

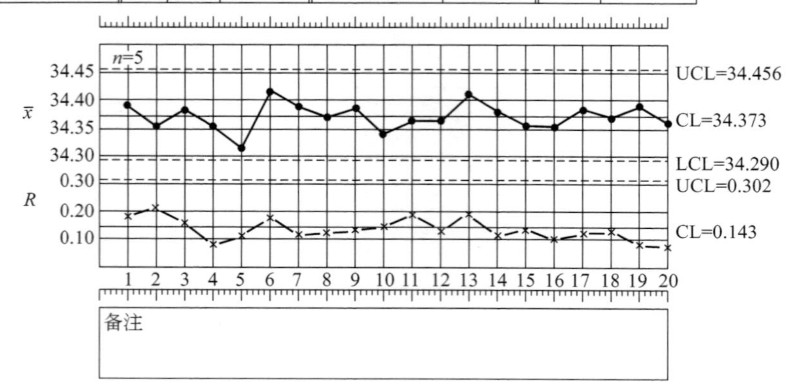

图8.12 $\bar{x}$-R控制图的例子

① P控制图的中心线CL的值，用平均不合格品率$\overline{P}$来表示，可以由不合格品数的总和除以样本数的总和求得。

$$\text{CL的值}=\overline{P}=\frac{\text{不合格品数的总和}}{\text{样本数的总和}}$$

② 控制界限UCL、LCL的值可利用下式来求解。

$$\text{UCL的值}=\overline{P}+3\sqrt{\frac{\overline{P}(1-\overline{P})}{n}}$$

$$\text{LCL的值}=\overline{P}-3\sqrt{\frac{\overline{P}(1-\overline{P})}{n}}$$

有时计算出的下控制界限的值为负数，由于不合格品率不可能是负值，所以这种情况可以忽略LCL。

例如，现有某种产品的数据，小组的数量为25，n=10，不合格品数的总和为72，这种情况下的CL、UCL、LCL分别为

$$\text{CL的值}=\overline{P}=\frac{72}{25\times100}=0.029=2.9\%$$

$$\text{UCL的值}=\overline{P}+3\sqrt{\frac{\overline{P}(1-\overline{P})}{n}}=0.029+3\times\sqrt{\frac{0.029\times(1-0.029)}{100}}$$

$$=0.079=7.9\%$$

$$\text{LCL的值}=\overline{P}-3\sqrt{\frac{\overline{P}(1-\overline{P})}{n}}=0.029-3\times\sqrt{\frac{0.029\times(1-0.029)}{100}}$$

$=-0.021$（不考虑）

当n为固定值时，P控制图就如图8.13所示。这时，使用Pn控制图来控制则更为简单。

当$\overline{P}$值在0.05以下时，控制界限用$\overline{P}\pm 3\sqrt{\overline{P}/n}$来求解更好。

当n的数值不同时，UCL、LCL的值也随之变化，这时主要使用P控制图，如图8.14所示。

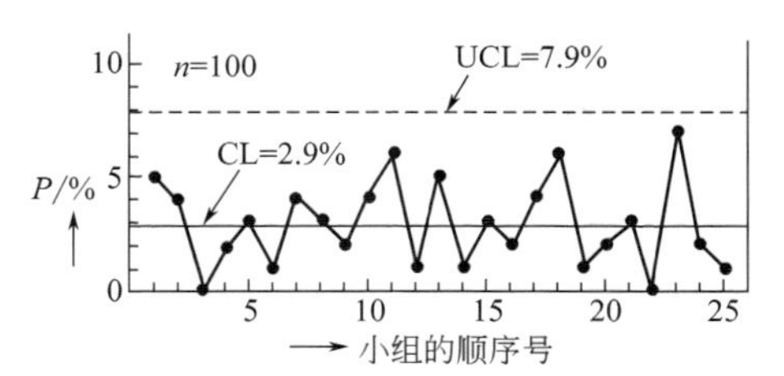

图8.13　n为固定值时的P控制图的例子

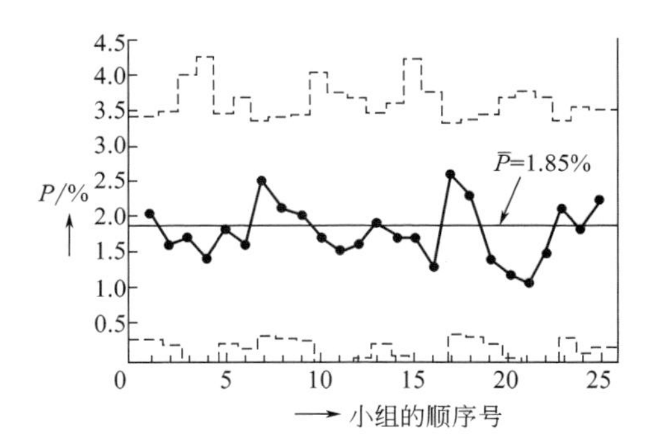

图8.14　n不同时的P控制图的例子

（3）Pn控制图（不合格品数控制图）

不合格品数控制图适用于样本量大小n为固定值时。**Pn控制图的**使用方法与P控制图基本相同，控制线可利用下式求解。

$$\text{CL的值}=\overline{P}n=\frac{\text{不合格品数的总和}}{\text{小组的数}}$$

$$\text{UCL的值}=\overline{P}n+3\sqrt{\overline{P}n(1-\overline{P})}$$

$$\text{LCL的值}=\overline{P}n-3\sqrt{\overline{P}n(1-\overline{P})}$$

（4）c控制图（缺陷数控制图）

c控制图是在产品或部件中发生划痕或涂装不匀等的情况下，用来控制过程中的缺陷数所使用的计数型控制图。使用缺陷数控制图时，要求调查每组样本的数量是相同的。

因为具有只与单位产品的平均缺陷数$\overline{c}$相关的特点，c控制图的控制界限UCL和LCL的值可以用下式求解。

$$\text{CL的值}=\bar{c}=\frac{\text{缺陷数总和}}{\text{样本个数}}$$

$$\text{UCL的值}=\bar{c}+3\sqrt{\bar{c}}$$

$$\text{LCL的值}=\bar{c}-3\sqrt{\bar{c}}$$

因为缺陷数c是整数，所以UCL取大于$\bar{c}+3\sqrt{\bar{c}}$的最小整数，LCL取小于$\bar{c}-3\sqrt{\bar{c}}$的最大整数。当LCL的计算结果为负数时则不考虑。

例如，现调查20张金属板的涂装不匀情况。当其不合格总数为50时，则此时CL、UCL、LCL的值如下所示。

$$\text{CL的值}=\bar{c}=\frac{50}{20}=2.5\text{（1张金属板的涂装不匀情况）}$$

$$\text{UCL的值}=\bar{c}+3\sqrt{\bar{c}}=2.5+3\sqrt{2.5}=7.24$$

$$\text{LCL的值}=\bar{c}-3\sqrt{\bar{c}}=2.5-3\sqrt{2.5}=-2.24$$

则上控制界限为大于7.24的最小整数8，下控制界限为负数所以不用考虑。

（5）u控制图（单位缺陷数控制图）

与c控制图相同，u控制图是对单位缺陷数进行控制的计数型控制图，用于样本大小不同时的检验。例如，漆包线每小时的生产量为1500m、1200m、1300m时，可以将其转换成以每小时1000m为单位的计量单位使用。

现对1200m的漆包线进行检验发现有5个小孔。此时，每1000m的不合格数即单位缺陷数u的计算如下所示。

$$\text{样本的大小}n=\frac{1200}{1000}=1.2$$

$$\text{单位缺陷数}u=\frac{5}{1.2}=4.2$$

中心线和控制界限可以用下式求解。

$$\bar{u}=\frac{\text{单位缺陷数的总和}}{\text{样本大小的总和}}$$

$$\text{UCL的值}=\bar{u}+3\sqrt{\frac{\bar{u}}{n}}$$

$$\text{LCL的值}=\bar{u}-3\sqrt{\frac{\bar{u}}{n}}$$

此时，若n变化，UCL、LCL的值也随之变化。

8.4.4 控制图的分析

控制图的分析是指为了更好地使用控制图，通过对描绘点的位置与变化趋势的观察分析，最终对此工序是否稳定、是否异常作出准确的判断。为此，需要掌握控制图的判断方法，从点的变化趋势获取判断的信息，必要时采取措施。

（1）稳定状态的控制图

由控制图判断工序处于稳定状态的条件如下。

① 没有控制界限以外的点。

② 点正常排列，排列分布没有出现不随机现象。

在实际判断中，有时因为生产工序以外的原因发生变化，会将工序状态在界限内的点误判断为在界限之外。为了减少这个错误，针对一定期间的点的随机排列，可通过以下3个条件进行判断，若是符合这些条件则可以判定工序处于稳定状态。

① 连续25点以上都在控制界限内。

② 连续35点中，最多有1点在控制界限外。

③ 连续100点中，最多有2点在控制界限外。

（2）失控状态的控制图

在控制图中，能直接判断工序处于失控状态的特征是点在控制界限上或控制界限外。有时即使点也在控制界限内，但是样本点排列不是随机的，则认为工序发生了异常。关于工序发生异常，可通过以下几点判断。

① 多个点连续出现在中心线的一侧（图8.15）。

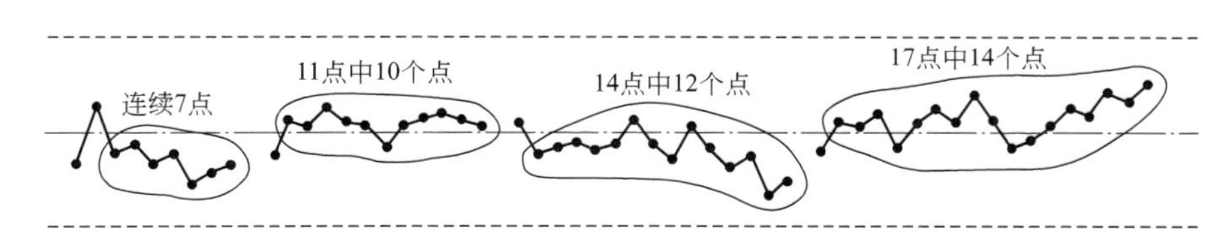

图8.15 多个点连续出现在中心线的一侧

② 点波动集中在中心线附近时（图8.16）

特别需要注意的是连续15点以上出现在中心线 $\pm 1\sigma$ 范围内，这种情况是由于样本中有不同性质的数据出现导致的，这是因为数据分层不够，需要重新分层。

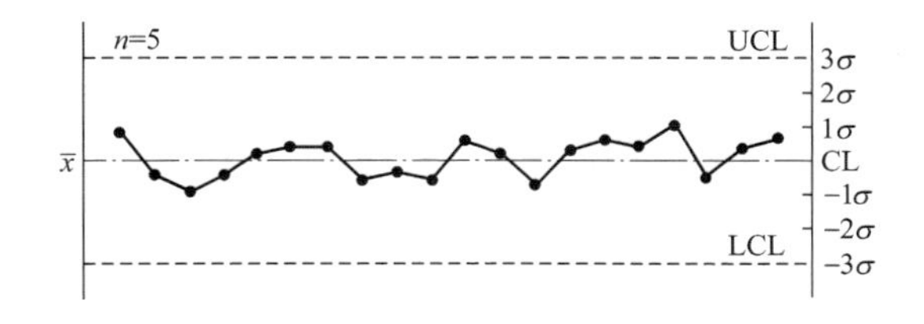

图8.16 点较多地出现在中心线附近

③ 点较多地出现在控制界限附近，见图8.17。

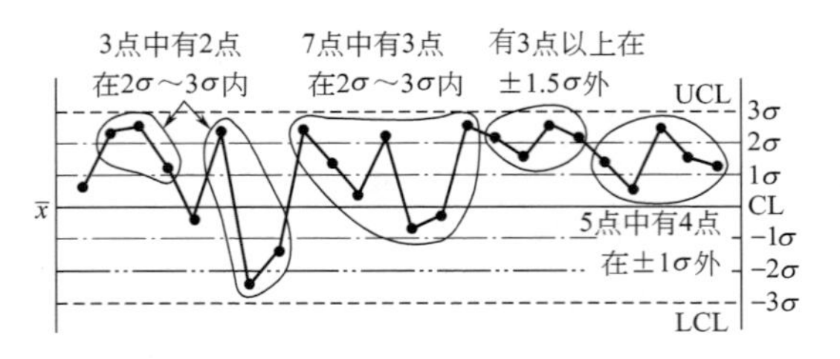

图8.17　点较多地出现在控制界限附近

④ 点连续上升或连续下降，见图8.18。例如，切削刀具逐渐磨损，当产品的工艺要求大进给量切削时，或者因催化剂的劣化减少生产量时会出现这种趋势。

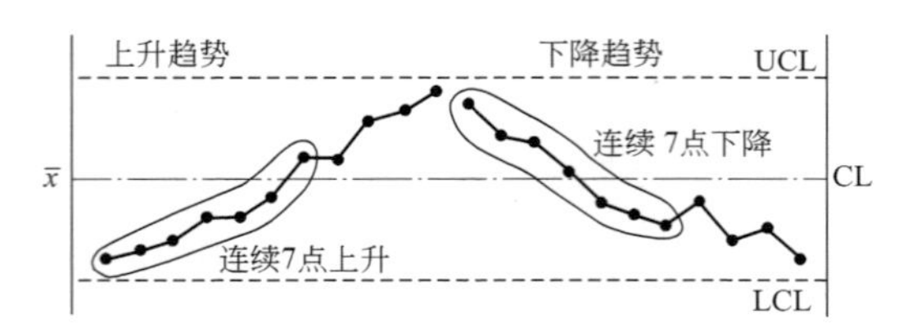

图8.18　点连续上升或连续下降的趋势

⑤ 点呈现周期性变化，见图8.19。当控制图中线条的上升、下降以一定规律重复出现时称为具有周期性。例如，定期更换工具或催化剂等、因季节性的气温或湿度的变化对润滑油的影响、机械的转速发生变化等都可能使控制图呈现周期性变化。

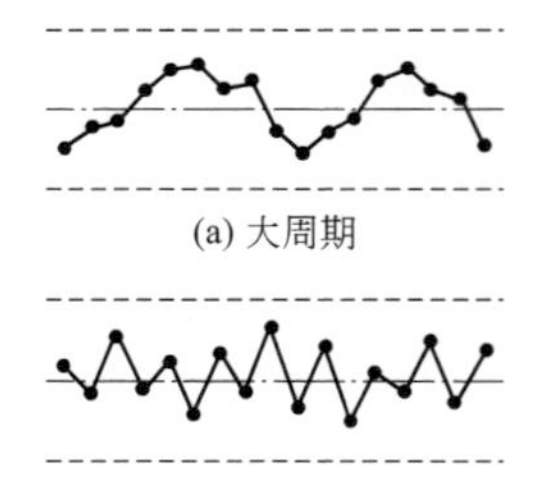

(b) 小周期(在中心线上方是上午9点，下方是下午3点的抽样)

图8.19　点呈周期性变化

8.5　抽样检验

8.5.1　检验的概念

检验是指对物品进行测定或试验等，并将其结果与要求的条件进行比较，从而作出判断的活动。检验的主要内容如下。

① 确定物品的质量合格与不合格或者批次合格与不合格的判断标准。

② 测定需要检验的特性值。

③ 将判断标准和测定结果进行比较。

④ 进行产品合格与否的判断或者批次合格与否的判断。

8.5.2 全数检验与抽样检验

（1）全数检验

全数检验又称为100%检验，因为是对产品全体进行的检验，所以适用于以下几种情况。

① 检验的数量少。

② 因为生产工序不稳定，不合格品率增大，生产的产品质量达不到预先设定的质量水平。

③ 产品中只要有不合格品，就会引发人身事故等危险，会给予后面的工序或消费者带来重大损失，如汽车刹车的运转不良问题等。

④ 能够应用自动检验机或筛选机等来实现高效率检验，检验后获得的效果高于检验费用。

（2）抽样检验

抽样检验是指从某一个产品批中，根据预先规定的**检验方案**（称为抽样检验方案），抽取规定个数的样本量（n）进行测定或试验，并将其结果与合格判断数（c）进行比较，从而判断这个产品批的整体合格与否的检验方法。一般来说，在整体合格时，允许有某种程度的不合格品存在。抽样检验适用于以下几种情况。

① 需要做破坏性试验的情况下，例如，材料的拉伸试验、荧光灯的寿命试验等。

② 连续性生产或数量多的情况下，例如，电线、铁板、布料、小型螺钉、弹簧等的生产。

③ 检验项目多的情况下，可减少费用和节约时间。

④ 检验信度足够高的情况下，能够以一定的不合格品率来保证产品批的质量。

⑤ 给予提升质量方面的激励的情况下：因为是以产品批为单位进行的结果或等级的判断，所以生产者会格外地付出努力减少不合格批次而确保信用等。

8.5.3 抽样检验的类型

抽样检验有很多种类型，常用的有以下几种。

（1）按照质量指标的特性分类

按照检测单位产品的特性分类，抽样检验可以划分为计数抽样检验和计量抽样检验。

① 计数抽样检验　计数抽样检验是用通过规定的检查个数的计数值作为产品批的判断标准的抽样检验。对抽样的样本进行试验，划分为合格产品或不合格产品，并且计算不合格品的数量，然后根据样本的检验结果判断：若不合格品数或者缺陷数低于某一数值，就判断这个产品批为合格；若不合格品数或者缺陷数高于某一数值，就判断这个产品批为不合格。

② 计量抽样检验　计量抽样检验是指用规定的检查质量（重量）或长度等的计量值作为产品批的判断标准的抽样检验。对抽样的样本的特性值进行测量，然后根据实际测量结果求解而得的平均值或不合格品率等与产品批的判断标准进行比较，比较结果一致的话就判断这个产品批为合格，不一致的话就判断这个产品批为不合格。

（2）按照抽样次数分类

根据从产品批的产品中抽取出样本的次数，抽样检验可以分为一次抽样检验、二次抽样检验、多次抽样检验、序贯抽样检验4种形式。

① 一次抽样检验（图8.20）　只从产品批中抽取一次样本，根据样本的检验结果判断这个产品批合格与不合格的方法。

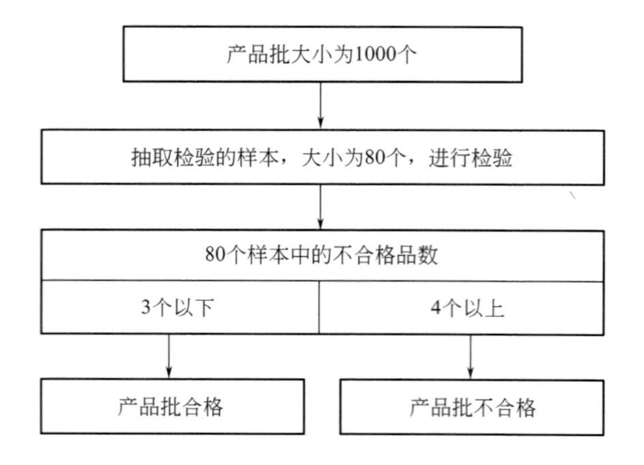

图8.20　一次抽样检验

② 二次抽样检验（图8.21）　根据指定的判断个数，可以得出第1次样本检查结果是产品批合格、产品批不合格或者需要继续检验。如果继续检验，则以第2次给定的判断个数的检验结果与第1次的检验结果加和之后的结果作为判定标准。

③ 多次抽样检验（图8.22）　多次抽样检验的原理与二次抽样检验方法一样。每次样本大小相同，将各次抽样检验的结果与规定的标准进行比较，从而进行合格、不合格、需要继续检验的判断，直到判断为合格或是不合格。只是，在

第1次抽样时不进行判断。

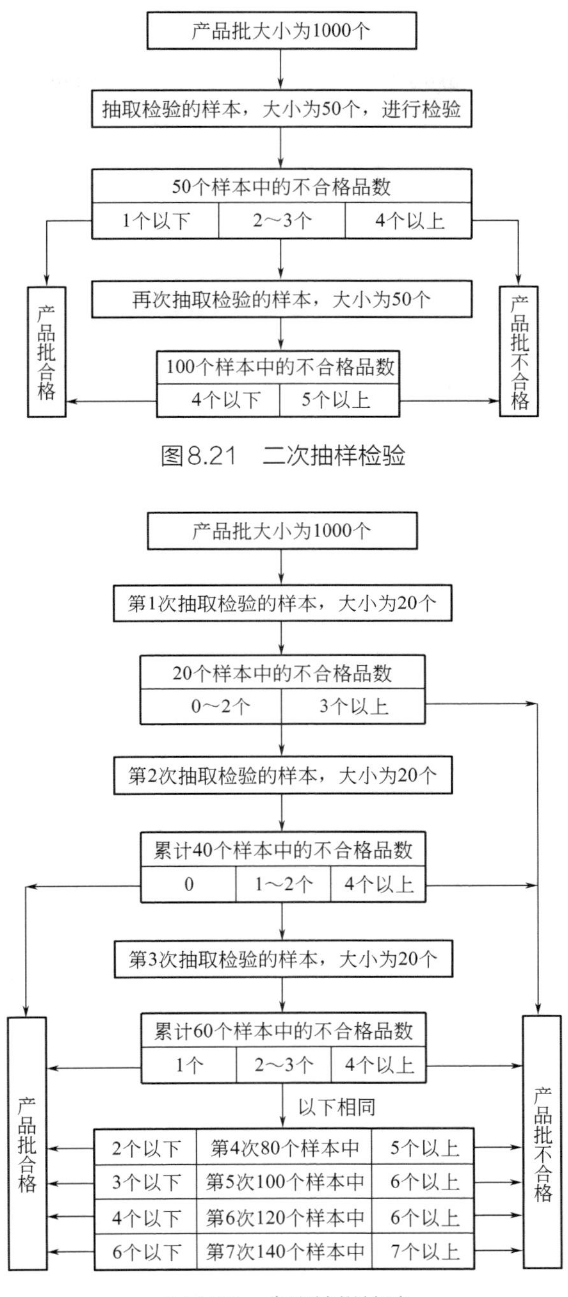

图8.21 二次抽样检验

图8.22 多次抽样检验

④ 序贯抽样检验 从产品批中抽取1个或固定个数的样本进行检验，检验后立即累计之前的总结果与产品批判断标准进行比较，从而进行合格、不合格、

需要继续检验的判定。

抽样方法的确定

实施抽样检验时，要权衡利弊，从而确定采用1次、2次、多次、序贯抽样检验中的哪种方法进行抽样。

表 8.6　各种抽样方法的对比

比较项目	一次抽样检验	二次抽样检验	多次抽样检验	序贯抽样检验
检验每个产品批时的平均检验个数	多	中	少	最少
检验每个产品批、量时的检验个数变化	无	有少量	有	有
检验费用（根据需要可以自由地进行样本抽样时）	高	中	低	低
心理效果（给人谨慎感）	不好	中间	良好	良好
实施和记录的复杂程度	简单	中	复杂	复杂
适用情况	检验单位的检验费用便宜时	检验单位的检验费用略高，主要想减少检验个数的情况	检验单位的检验费用高，需要减少检验个数的情况	检验单位的检验费用高，急需要减少检验个数的情况

（3）按照抽样检验方案分类

按照抽样检验方案的不同，抽样检验可分为标准型抽样检验、挑选型抽样检验、调整型抽样检验、连续生产型抽样检验4种类型。

① 标准型抽样检验　标准型抽样检验是对提交产品的批进行检验，从而确定产品批合格与否的抽样检验方案。标准型抽样检验方案同时保护了生产者和消费者双方的利益，是为了满足双方要求而进行的抽样检验方法。

② 挑选型抽样检验　挑选型抽样检验是根据预先规定的抽样检验方案进行抽样检验，对确认为合格的产品批直接接受，对确认为不合格的产品批进行全数挑选，发现不合格品则进行修理或替换成合格品，要求交给使用方的全部是合格品。

③ 调整型抽样检验　调整型抽样检验是指对连续产品批的生产方进行检验时，参考过去的产品批检验资料等质量信息，及时调整为正常检验、加严检验、放宽检验，由此而进行宽严程度不同的检验方式。

④ 连续生产型抽样检验　连续生产型抽样检验是适用于连续传送生产的物品进行检验的抽样检验方法。例如，带式输送机上传送的物品，开始一个个进行全数检验，当连续传送的合格品达到一定数量时，就转为抽取固定个数的抽样检验，如果发现不合格品再次还原到全数检验的方法。

8.5.4 OC曲线

（1）OC 曲线的含义

表示产品批的质量与其接收概率之间关系的曲线称为**OC曲线**（operating characteristic curve），又可称为**抽样特性曲线**。

如图8.23所示，横坐标表示产品批不合格品率或平均值等质量，纵坐标表示产品批合格的接收概率。

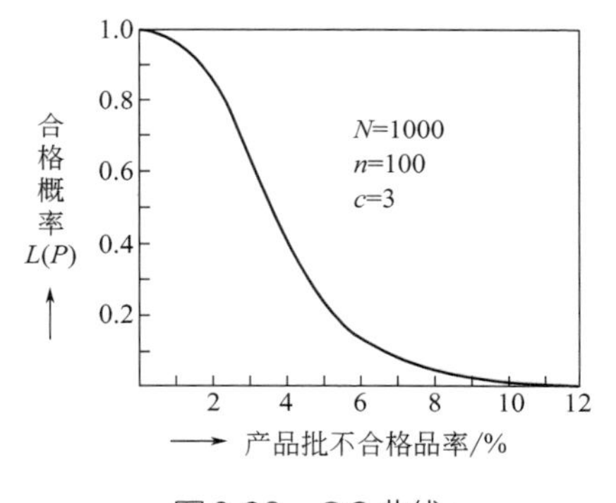

图8.23　OC曲线

对于抽样检验，在抽样检验中抽取的样本质量与产品批的实际质量必然是不一致的，样本中的不合格品的数量会偶然地变多或变少。但是，当多次重复地进行抽样，且具有随机抽样的条件时，就能够由统计计算求解出这个产品批的接收概率。因为这个产品批被接收的概率是随着产品批的质量的变化而变化的，所以它们之间的关系可以用曲线来表示。这个曲线就是OC 曲线。也就是说，OC 曲线表示的就是确定好产品批的大小、样本的大小以及判断产品批接收与否的标准的组合。

另外，抽样检验方案是判断产品批的接收与否的标准，所以又可称为抽样方案。例如，以计数检验为例，“对大小为50个的样本进行检验，其中若发现不合格品为1个以下时，就可以判断为接收；若发现不合格品为2个以上时，就可以判断为不接收”这样的表示就是抽样方案。通常将这个内容进行简化，用n=50，c=1的符号来表示。此时，n是样本大小，c是合格判定数。计量抽样检验时，则用n和$\overline{X}_U$（合格判定上限）或者$\overline{X}_L$（合格判定下限）的组合表示。

（2）OC曲线的特性

一个抽样检验方案对应着1条OC曲线，通过观察OC曲线，就能够知道某些不合格品率的产品批被接收或不接收的概率。

在图8.24中，P_0为生产者现有的生产能力，从这个观点出发，它是尽可能判断为可接收的产品批所对应的不合格品率的上限，P_1对于消费者而言，因在实用上会对消费者带来巨大影响，它是判断为不可接收的产品批所对应的不合格品率的上限。

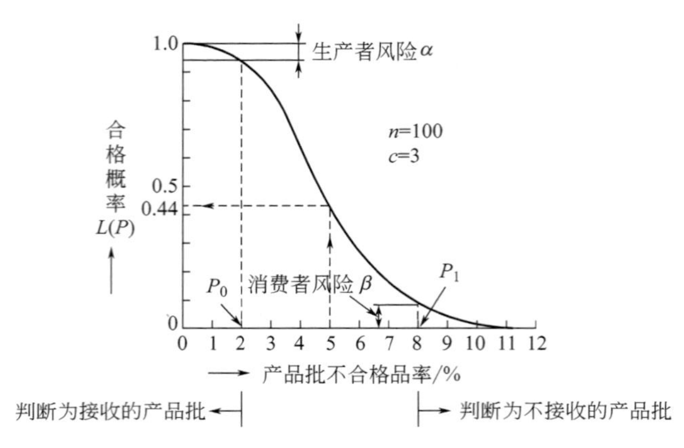

图8.24　OC曲线的特性

现在，在计数标准型一次抽样检验中，生产者和消费者商谈的结果指定了P_0=2.0%，P_1=8.0%，从JIS Z 9002标准中的抽样检验表（表8.7）中，得出抽样方案的样本大小n=100，合格判定数为c=4。

对应这个抽样方案的OC曲线如图8.24所示，从图中可以知道批量接收概率如下。

$$P=P_0=2.0\%\text{则}L(P_0)\approx 0.95$$

$$P=P_1=8.0\%\text{则}L(P_1)\approx 0.09$$

具体地说，不合格品率为P_0的产品批，尽管想判定为合格，但其作为不合格被抽出的概率为（1-0.95）=0.05，像这种合格的产品批被误判断为不合格而拒收的概率称为**生产者风险**，一般用 α 表示。

另外，不合格品率为P_1的产品批，尽管想判定为不合格，但其作为合格被抽取的概率为0.09，像这种不合格的产品批被误判断为合格而接收的概率称为**消费者风险**，一般用 β 表示。在JIS标准中预先规定了 α=0.05，β=0.10。

像这样的，OC曲线是表示抽样检验方案性质的曲线，从图中就可以知道任意质量所对应的产品批的接收概率。例如，在图8.24所示的抽样检验中，如果要接受检验的产品批的不合格品率为P=5%，则这个产品批被接收的概率为$L(P)\approx$0.44。具体地说，我们可以预先知道在接受100次检验时，虽然有44次合格，

表 8.7　计数标准型一次抽样检验表（JIS Z 9002）　　$\alpha \approx 0.05$，$\beta \approx 0.10$

p_0 / %	p_1 / %																
	0.71 ~ 0.90	0.91 ~ 1.12	1.13 ~ 1.40	1.41 ~ 1.80	1.81 ~ 2.24	2.25 ~ 2.80	2.81 ~ 3.55	3.56 ~ 4.50	4.51 ~ 5.60	5.61 ~ 7.10	7.11 ~ 9.00	9.01 ~ 11.2	11.3 ~ 14.0	14.1 ~ 18.0	18.1 ~ 22.4	22.5 ~ 28.0	28.1 ~ 35.5
0.090 ~ 0.112	*	400 (1)	↓	←	↓	→	60 (0)	50 (0)	←	↓	↓	←	↓	↓	↓	↓	↓
0.113 ~ 0.140	*	↓	300 (1)	↓	←	↓	→	↑	40 (0)	←	↓	↓	←	↓	↓	↓	↓
0.141 ~ 0.180	*	500 (2)	↓	250 (1)	↓	←	↓	→	↑	30 (0)	←	↓	↓	←	↓	↓	↓
0.181 ~ 0.224	*	*	400 (2)	↓	200 (1)	↓	←	↓	→	↑	25 (0)	←	↓	↓	←	↓	↓
0.225 ~ 0.280	*	*	500 (3)	300 (2)	↓	150 (1)	↓	←	↓	→	↑	20 (0)	←	↓	↓	←	↓
0.281 ~ 0.355	*	*	*	400 (3)	250 (2)	↓	120 (1)	↓	←	↓	→	↑	15 (0)	←	↓	↓	←
0.356 ~ 0.450	*	*	*	500 (4)	300 (3)	200 (2)	↓	100 (1)	↓	←	↓	→	↑	15 (0)	←	↓	↓
0.451 ~ 0.560	*	*	*	*	400 (4)	250 (3)	150 (2)	↓	80 (1)	↓	←	↓	→	↑	10 (0)	←	↓
0.561 ~ 0.710	*	*	*	*	500 (6)	300 (4)	200 (3)	120 (2)	↓	60 (1)	↓	←	↓	→	↑	7 (0)	←
0.711 ~ 0.900	*	*	*	*	*	400 (6)	250 (4)	150 (3)	100 (2)	↓	50 (1)	↓	←	↓	→	↑	5 (0)
0.901 ~ 1.120		*	*	*	*	*	300 (6)	200 (4)	120 (3)	80 (2)	↓	40 (1)	↓	←	↓	→	↑
1.13 ~ 1.40			*	*	*	*	500 (10)	250 (6)	150 (4)	100 (3)	60 (2)	↓	30 (1)	↓	←	↓	→
1.41 ~ 1.80				*	*	*	*	400 (10)	200 (6)	120 (4)	80 (3)	50 (2)	↓	25 (1)	↓	←	↓
1.81 ~ 2.24					*	*	*	*	300 (10)	150 (6)	100 (4)	60 (3)	40 (2)	↓	20 (1)	↓	←
2.25 ~ 2.80						*	*	*	*	250 (10)	120 (6)	70 (4)	50 (3)	30 (2)	↓	15 (1)	↓
2.81 ~ 3.55							*	*	*	*	200 (10)	100 (6)	60 (4)	40 (3)	25 (2)	↓	10 (1)
3.56 ~ 4.50								*	*	*	*	150 (10)	80 (6)	50 (4)	30 (3)	20 (2)	↓
4.51 ~ 5.60									*	*	*	*	120 (10)	60 (6)	40 (4)	25 (3)	15 (2)
5.61 ~ 7.10										*	*	*	*	100 (10)	50 (6)	30 (4)	20 (3)
7.11 ~ 9.00											*	*	*	*	70 (10)	40 (6)	25 (4)
9.01 ~ 11.2												*	*	*	*	60 (10)	30 (6)

注：表中数据为n，括号内数值为c；箭头表示使用该方向的第一格的n、c；*表示内容由JIS Z 9002中表2给出，此处无；空格表示没有抽查。

但有56次不合格。

习题

习题8.1　现有一定期间内，产品不合格的数据，如下表所示。根据这个数据表绘制排列图。

不合格项目	表面划痕	尺寸不合格	打孔位置不对	螺纹不合格	组装不合格
个数	85	48	33	28	6

习题8.2　根据5个数据：32.4、33.5、35.2、32.7、34.8，求平均值$\bar{x}$、中位数$\tilde{x}$、极差R、平方和S、样本方差V、标准偏差s。

习题8.3　针对一个样本的大小为5、组数为20的数据，得知各组的平均值$\bar{x}$的总和为237.82mm，极差R的总和为3.54mm。求$\bar{x}$控制图的UCL、LCL值以及R控制图的UCL值。

第9章

环境与安全卫生管理

9.1 产业公害

9.1.1 公害问题

日本明治时代，发生了足尾铜矿的矿毒事件。这是因铜矿的开发产生的有毒气体以及有毒污染水等的有害物质，对日本的渡良濑川流域造成极其恶劣影响的事件。日本在第二次世界大战后的高速经济发展时期，重化学工业取得了快速的发展，随之而来的工厂排水中含有的有机水银化合物或者工厂废气中的硫化合物引发了四大公害病（水俣病、新潟水俣病、疼痛病、四日市哮喘病），出现了大量的受害者。针对各地方所发生的公害问题，日本在1967年制定了公害对策的基本法，将大气污染、水质污染、土壤污染、噪声、振动、地面下沉、恶臭定义为七大典型公害。随之，制定了限制各种有害物质浓度的预防法规，但这不能充分遏制污染物质的排放总量，为了解决这一法律缺陷，采用了总量限制的标准。

9.1.2 环境基本法

日本在1993年制定了环境基本法，该法体现了以下基本理念。

① 享受和继承自然环境的恩惠。

② 构建环境负荷少的能够可持续发展的社会。

③ 积极推进国际协作的地球环境保护。

另外，公害对策基本法中的公害对策部分几乎都延续了环境基本法。除了七大典型公害之外，还制定了应对废弃物、再生利用、化学物质、能源等危害的法律。表9.1给出了与企业经营有关的主要环境保护法律。

表9.1 环境基本法和主要相关的法规

环境基本法	环境标准的设定	大气污染、水质污浊、噪声、土壤污染
	七大典型公害的相关法律（不含地面沉降）	大气污染防制法、汽车NO_xPM法、水质污浊防止法、噪声规制法、振动规制法、恶臭规制法
	构成循环型社会的推进基本法	废弃物处理法、PCB特别措施法
	资源有效利用的促进法	绿色采购法、包装容器回收法、家电回收法、食品回收法、建材回收法、汽车回收法
	化学物质的相关法律	化学物质审查限制法、化学物质排放管理促进法、农药取缔法、二恶英类物质处理的特别措施法
	能源政策的基本法	节能法、新能源法

9.1.3 环境管理

企业或者工厂中的环境管理是指，为了维持和改善环境而制订管理目标和改进指标采取措施的活动。降低环境污染程度的步骤如下。

① 测定物质收支和能源收支，掌握影响环境的实际状况。

② 每一个影响环境的项目都标注重要度，定量确定提出实现目标的问题。

③ 探明每个问题的原因，制定具体可实施的对策方案并实施。

④ 检查对策的实施结果，采取必要的追加措施。

⑤ 为保持获得的成果推进标准化，采取防范措施。

9.2 生产事故

事故的发生都是有它发生的潜在因素的。在潜在的灾害因素中，有机械设备、建筑物等的物质因素和作业人员以及第三者等的人为因素。一般认为当物质因素处于不安全状态时，人再采取不安全的行为（人为因素）就会导致发生事故，引发灾害。

在企业中发生的**生产事故**大致分为劳动伤害和设施事故。

9.2.1 劳动伤害

安全卫生管理是指为了避免在企业活动中发生**劳动伤害**和导致职业病等，发现职场中可能发生的不安全状态或者不安全行为等的潜在灾害要素，实施改进措施，以零劳动伤害为目标的管理活动。

安全卫生活动有下述三项原则。

① 零的原则　防止事故的根本目的在于“不允许任何一个人受伤”，因此有必要设定事故为零的原则。

② 预防的原则　最著名的海因里希法则（1 ∶ 29 ∶ 300）认为在一件重大的事故背后一定有29件轻微的事故，而在轻微事故的背后有不在事故统计范围内的300件潜在隐患。

③ 参加的原则　保护劳动者的安全和健康是经营者的法定责任，也是道义的责任。但是，要实现事故为零，不仅需要经营者采取安全措施，劳动者的自主活动也必不可少，要求全员参与活动。

表征劳动伤害发生程度的指标有千人伤亡率、百万工时伤害率、严重率。

（1）年度千人伤亡率

年度千人伤亡率是指在1年内每1000名劳动者中因发生劳动事故造成的死伤人数，用下式表示。

$$千人伤亡率=\frac{劳动灾害造成的年度死伤人数}{年度平均劳动者人数} \quad (9.1)$$

（2）百万工时伤害率

百万工时伤害率是指每100万劳动时间内所发生劳动伤害造成的死伤人数（伤者休息1日以上），用死伤人数以及按1个月或者1年等一定期间内的实际劳动时间进行计算，即

$$百万工时伤害率=\frac{劳动灾害造成的死伤人数（伤者休息1日以上）}{实际总工时数}\times 1000000 \quad (9.2)$$

例如，从业人员2000人的工厂，每1个月发生1件劳动伤害事故时的百万工时伤害率计算如下（设1个月的劳动时间为200h）

$$百万工时伤害率=\frac{1}{2000\times 200}\times 1000000=2.5 \quad (9.3)$$

（3）严重率

严重率用实际劳动每1000劳动时间的损失劳动天数表示，即

$$严重率=\frac{实际损失的劳动天数}{实际的总劳动工时数}\times 1000 \quad (9.4)$$

在日本，损失劳动天数的标准如下。

① 在死亡或者永久丧失劳动能力（肢体伤害等级1~3级）时，损失的劳动天数定为7500天。

② 当留有后遗症时，损失的劳动天数按照身体伤害等级对照表9.2执行。

表9.2　劳动灾害的身体伤害等级和损失的劳动天数

身体伤害等级	1 ~ 3	4	5	6	7	8	9	10	11	12	13	14
损失的劳动天数	7500	5000	4000	3000	2200	1500	1000	600	400	200	100	50

（4）劳动伤害统计的变化

图9.1是厚生劳动省公布的100人以上规模企业发生的事故统计的变化状况。另外，在调查中有报告指出不发生事故的企业变为60%左右，尚有40%的企业发生了某种劳动伤害。

（5）劳动伤害的原因

引发劳动伤害的因素非常多，一个重大事故发生的背后肯定有轻微事故的发生，或者隐藏有多个未达到伤害程度的事故。因此，我们应该不放过任何细小的事故原因，采取防止事故的对策。劳动伤害的主要原因有物质因素和人为因素两类。

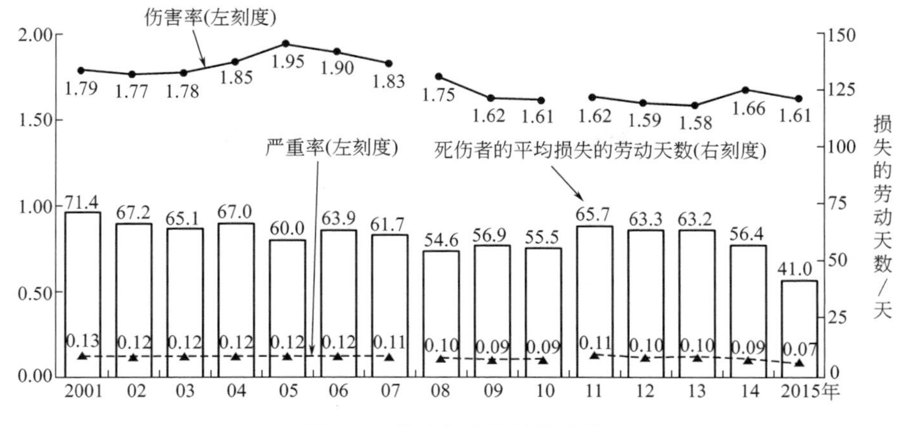

图9.1　劳动伤害统计的变化

注：1．从2008年开始，调查对象行业增加了“医疗与民生”，将其与2007年及以前进行比较时要注意。

2．从2011年开始，调查对象行业的“农业与林业”中增加了“农业”，将其与2010年及以前进行比较时要注意。

① 物质因素

a. 安全装置的不完善；

b. 机械与设备的设计或者结构有缺陷；

c. 机械与设备发生破损、磨损、裂纹；

d. 操作或者管理方法不当；

e. 采光、照明、换气等的作业环境不完善；

f. 整理整顿不当，机械与设备的布局过密；

g. 工作服、防护用具（护目镜、手套、鞋、防护帽等）配置不当。

② 人为因素

a. 疲劳或者睡眠不足；

b. 体力或者体质不适合的作业；

c. 经验、技能、知识的缺乏；

d. 作业位置、姿势等的不当；

e. 注意力不集中、玩笑打闹；

f. 用不安全的方法使用设备；

g. 不配戴防护用具；

h. 无许可地实施作业，不严格遵守命令甚至违反命令。

9.2.2 设施事故

在事故中，虽然有工厂设施遭受天灾出现损失的情况，但大多数都是因人为疏忽等原因所造成的事故（人祸）。

在人祸事故中，发生次数最多的是火灾。火灾是由各种危险品的燃烧、分解、爆炸等引发。这种事故不仅对工厂的建筑物、生产设备、原材料以及产品造成巨大的损失，而且还伴有人员的伤亡。

为了防止火灾，需要采取以下预防措施。

① 为防止起火，要严格加强对危险物质（具有引火、易燃、爆炸特性的气体、油以及粉尘等）和引火源（明火、高温表面、冲击摩擦、电火花等）的管理。

② 作为防止燃烧的手段，建筑物要使用阻燃材料，建造防火、耐火的结构。

③ 安装煤气探测器、火灾报警装置、消防设备、灭火器、消防用水、排烟设施等。

除了火灾之外，设施结构等因设计或者处理不当等有时会发生损坏、倒塌等事故。另外，因行业不同，有发生锅炉或者高压气体设备的破损、钢丝绳的断裂、塌方与隧道崩塌或者落顶等灾害，这些都是死伤率极高的灾害。

9.3 安全管理

为了促进生产活动的圆满、安全进行，事故或者灾害预防措施是非常重要的。为此，企业应制定防止事故发生的标准或成立相关部门，在明确责任体系的同时，必须提高职工对安全的关注程度。

9.3.1 安全管理的组织

在劳动安全卫生法中，规定职工人数超过300人的企业一般要选派**安全卫生的总负责人**，负责领导安全管理员和卫生管理员，制定劳动者的安全和卫生对策，并实施安全和卫生教育，进行总体的统筹管理。另外，每个50人以上的工作场所都要在有资格证的人中选任**安全管理员**，由其进行安全相关事项的管理。

进而，为了听取职工的意见，在员工人数超过100人的企业中必须设立**安全委员会**。安全委员会由劳资双方各占半数构成，通常委员长由安全管理员担任。安全委员会负责进行制定安全管理的年度计划、事故对策及各项规定。

9.3.2 安全管理的内容

安全管理工作一般由安全管理员、安全委员会、安全委员以及相关职工承担。安全管理工作的主要内容如下。

① 当建筑物、设备、作业的场所以及作业方法存在危险时，进行处理方法的指导和监督。

② 安全装置、防护用具、其他危险防范设施的定期点检和保养。

③ 实施有关安全方面的教育与培训。

④ 对已发生事故的原因进行调查和提出对策。

⑤ 安全相关的重要事项的记录、统计和保存。

⑥ 选择防火管理员。

防火管理员的工作内容如下。

① 制定消防计划。

② 基于消防计划，进行灭火、通报及避难培训。

③ 对消防设备等进行点检和保养。

④ 对明火使用或者相关处理进行监督。

⑤ 向消防机关提交消防计划。

为了提高安全管理的效果，企业经营者和管理者对安全的理解和重视程度是最重要的，同时也需要普通员工在各自工作岗位上对安全工作的协助。

9.3.3 安全教育与活动

大多数劳动伤害都是由从业人员的经验或知识不足，以及对安全的不关心所引起。为此，在生产活动中，为了让职工时刻牢记要注意安全，安全教育与安全活动是极为重要的。

安全教育是指为了保障生产活动的安全而进行的教育与培训。

① 要学习安全作业方法（作业的顺序与动作、联络手势、防护用具的穿戴等）的知识和技能。

② 要养成应对突发情况采取适当与敏捷行动的习惯。

③ 在承担生产责任的同时，具有安全上自主行动的责任，要提高应对预防灾害的意识。

日本在劳动安全卫生法中，特别制定了企业必须进行安全教育的条款，主要在：新录用职工时；作业的内容变更时；从事危险或者有害作业时；新就任工段长或者作业的监督时等。

针对一般职工的安全教育：要有计划地举行学习会、研究会、防灾培训等，有必要提高职工对安全的关注度。

更高层次的安全活动有：在每天工作开始前，在各工段以工段长为中心进行安全早会；安全提案以及零事故的表彰；利用公司内的报纸、海报、电影及录像等进行宣传；安全周、整理整顿习惯等的实施；安全相关资料的展示会；工作场所安全相关的会议，举办报告会、展示会等（使用事故案例、事故统计、活动记录等录像与照片的效果会更好）。

9.4 卫生管理

卫生管理与安全管理并重，是对员工的健康进行管理，其目的是通过预测和测定等来掌握作业方法以及卫生状态造成有损健康的原因，从而采取必要的措施，防止伤害员工身体健康的情况发生。

9.4.1 卫生管理的组织

卫生管理的相关法规规定：长期雇佣50人以上的企业要依据企业的规模聘任1名以上的卫生管理员。卫生管理员要由具有规定资格的人担任，要求每周巡视1次作业场所，当存在危害卫生的情况时，要立即采取必要的措施。

另外，法规中规定要依据企业的规模选任厂医，厂医除了每月1次巡视作业场所之外，还要巡视食堂、休息室、厨房、卫生间等的保健设施，针对职工的健康管理向经营者或者安全卫生总负责人进行劝告，或者对卫生管理员进行指导及建议。

与安全管理一样，在法规中也规定为了听取职工的意见，企业应设置卫生委员会。

9.4.2 卫生管理的内容

卫生管理的主要内容如下。

① 健康诊断（健康检查、体检） 包括：针对新入职员工的体检、定期体检（每年1次以上，从事有害作业的职工每年2次）。

② 限制患病者的出勤 此处，患病者是指患有传染性疾病、精神病以及心脏病等的病情有恶化危险的人员。

③ 劳动环境的保障 定期对作业场所的环境进行测定，致力于卫生环境的保持。

测定的内容有亮度、气温、湿度、气流、粉尘、有机溶剂、噪声等。另外，除了作业场所外，还要对休息室、更衣室、浴室、厨房、食堂、卫生间、宿舍等进行卫生管理。

④ 卫生教育、健康咨询 要广泛宣传卫生的重要性，由医生等进行保健或者疗养等的指导。

9.5 劳动安全卫生管理体系

9.5.1 劳动安全卫生管理体系的方针

日本厚生劳动省在2006年颁布了劳动安全卫生管理体系相关的方针，并指出为了减少劳动伤害，促进形成增进劳动者身体健康和舒适的职场环境，使用PDCA 循环进行管理的重要性。

9.5.2 劳动安全卫生管理体系的构架

通过确实实施以下事项，促进职业安全卫生管理。

① 明确安全卫生方针　经营者必须明确防止劳动伤害、实施安全卫生管理、遵守相关法律和行业规则以及实施职业安全卫生管理体系等的方针。

② 危险性与有害性的调查（风险评估）　按照以下步骤进行危险性与有害性的调查：

危险性或者有害性的具体内容；

危险有害要素的风险预估；

风险的评估；

探讨降低风险的方法。

③ 安全卫生目标的设定　基于安全卫生方针，设定安全卫生总目标和一定期间内应该实现的目标，并通知相关人员。

④ 安全卫生计划的制定　基于风险评估的结果，制定为完成目标需要实施的具体事项、日期等，制定出安全卫生计划。

⑤ 体系的建立　在企业组织机构的关联部门内聘任卫生管理员，确保促进职业安全卫生的人员和预算。同时，对职工进行安全卫生教育，开展安全卫生委员会的活动。

⑥ 文件化　将安全卫生方针，管理员的作用、责任与权限，安全卫生目标，必要的手续等形成文件，进行管理。

⑦ 保存记录　记录必要的事项，如安全卫生计划的实施情况、体系督查的结果、风险评估结果、教育实施情况、劳动伤害事故等的发生情况等。

⑧ 劳动安全卫生管理体系的监察与改进　制定定期的劳动安全卫生管理体系监察计划，适当地进行督查；为了确实保障劳动安全卫生管理体系的恰当性和有效性，基于安全卫生方针与指南的各种手续等内容进行全面评价。

第
10
章

人事管理

10.1 人事管理的概念

人事管理是指企业为了达成其相应目的，充分地发挥员工的劳动生产率所进行的对人员的管理，又称为劳务管理、人事与劳务管理等。

人、原料和设备是工业生产中的三个基本要素。其中，人对企业活动结果的影响是最大的。对人员管理的重要性，正如第1章中重视人际关系的理论所阐述的那样。因此，经营管理者选择录用适合于企业发展的人员，充分发挥其才能，协调好与员工的关系，这些对于企业的发展是至关重要的。

人事管理的主要内容，包括员工的招聘（雇佣）、分配、教育培训、人事考核（10.4节）、工资、福利，以及安全、卫生和劳资（员工和经营者）关系的管理。

10.2 雇佣管理

10.2.1 雇佣管理的概念

雇佣管理是指以为企业召集选拔需要的、具有一定素质和能力的人，人尽其才地进行工作分配，并给予适当待遇为目的，对员工所进行的招聘、分配、岗位轮换、退休等工作的管理。

10.2.2 招聘与分配

（1）招聘计划

招聘计划的中心是招聘条件，招聘计划的主要内容包括工作地点、工作内容、工资、工作时间、劳动保险和福利待遇等。

（2）甄选计划

甄选计划通常有书面筛选与面试筛选。

① 书面筛选　应聘者需要提交应聘材料，内容包括个人简历、身份证明、毕业证、健康证明书以及照片等。应届毕业生还需要提交预期毕业证明、成绩单、推荐信等。

② 面试筛选　包括笔试、面试以及诸多甄选检查。面试有个人面试和集体面试，甄选检查有职业适合性检查、性格检查、职业兴趣检查、技能检查等。

（3）录用程序

录用程序是指从通知应聘人员入职到分配工作期间的一系列步骤，主要有：录用通知的发送；身份证明件的提交（也有入职后提交的情况）；预备研修；入职典礼；劳动合同的签订；工作规章、身份证明件（工作证或职工证）、通勤证明件等所需证件的发放和说明；制服、工作服、其他必需品的发放；健康诊断等。

（4）分配环节

对于招聘录用人员的工作分配，除了将各种检查的结果作为参考之外，还要观察录用人员在招聘后的教育、培训中以及从事实际工作后的表现等，以期能够匹配到最适合的职务。也就是说，实际的工作分配将在入职的数月之后，这期间的分配环节是非常重要的。

这样进行招聘与分配，对于企业而言，具有提高生产效率、减少劳动灾害、便于管理等优点，对于员工，则能够使其获得向往的工作，增强其工作欲望和对工作的满足感。

10.2.3 人事调动

人事调动是指在企业组织内职务或职位的变化，对于到其他部门的临时援助则不属于人事调动。

要进行人事调动的情况有：

① 因特定部门的扩大、新设或缩小、废止而发生的调动；

② 在各部门中，以承担工作内容的调整为目的的调动；

③ 以提高员工的能力或积极性为目的的调动；

④ 具有奖励或惩罚意义的调动。

人事调动可分为升职、转职、降职3种类型。对升职而言，按照所需慎重考虑了学历、年龄、工作年数等因素的升职是员工所希望的。而那些只因重视一时的业绩等因素而进行的升职，可能会导致产生与同事之间人际关系的摩擦。另外，在进行转职、降职时，需要说明理由并取得当事人的理解和接受。

从人事调动的时期进行分类，人事调动还可分为定期调动和临时调动。定期调动是在1年之内已经决定好的一定时期的人事调动计划，因为是从工作的必要性出发所作的计划，比较容易获得员工的协助。临时调动则是不定期的，大多数没有明确调动实施的理由，从计划性的角度来说，常常会造成员工的不安感。

10.3 教育培训

在企业内进行员工教育培训，是为了促进员工学习工作所需的职务知识、取得技能以及端正工作态度，从而提高生产效率。

但是，相对于教育培训而言，现在备受推崇的是以提高职业能力为目的的能力开发，即员工为了提高自我的人生价值而自发地开始重视能力开发。教育培训越来越多地被能力开发这个词所替代。

10.3.1 教育培训的分类

教育培训可根据教育对象、场所、方法等进行分类。

（1）按照教育对象的不同进行分类

① 新入职员工的教育培训　对新入职员工进行教育培训可以使其早日适应企业独特的企业文化和环境，作为企业的一员能够打下为企业作出贡献的坚实基础。也可以说是早期适应的培训。

新入职员工的教育培训一般为期1周到几个月，其培训内容包括公司概要说明、工作基础知识、技能培训、作为职工的心态和态度养成等，特别要注意应该更多地倾向于小组讨论、现场实习、体验实习等方式。

② 技能人员的教育培训　因技术化程度的不断提高所带来的生产技术进步，对于技能所造成的影响是巨大的，因此需要有计划地进行技能人员的培训。技能人员培训的基本思路，是以职业能力开发促进的相关法律法规为依据，进行职业培训和职业能力鉴定，以对技能人员进行培养。

在企业内进行的对技能人员的培训是工作内容的职业培训，它与生产的技能直接相关。技能人员要掌握其相关知识，需要在1~3年间内成为中级技能人员。

③ 督导人员的教育　在培养新的督导人员时，可以将工厂现场的员工按照直接行使督导职能的工长所应具有的资质来进行教育，由此他可以学会：a. 工作和责任的知识；b. 指导工作的技能；c. 改进工作的技能；d. 与人相处的技能等。

针对上述b ~ d的方法有TWI（training within industry，企业内部培训），又称为督导人员培训。督导人员培训是第二次世界大战后由美国引入日本的教育培训方法，是为了有效开发企业内第一线督导人员的方法，以讨论与实际演练为中心的会议方式，按照以下标准步骤进行：a. 学习准备；b. 作业说明（教授工作）；c. 试作；d. 考验成效。

④ 管理人员的教育　技术的急剧进步、国际化的深入、计算机应用等，导致企业周围的环境不断发生巨大变化。以经营者为首的部长或科长等督导人员，应对这些形势的变化，必须要有自行扩展知识的举措。因此，管理人员的教育对企业来说极其重要。

作为管理人员的培训有MTP（management training program，管理培训计划）。管理培训计划是在美国发展起来的，适合于部长、科长等督导人员的培训。MTP以会议为主体，其内容包括：a. 管理认知；b. 工作改进；c. 工作管理；d. 下属的培训；e. 人际关系的构成。每次会议2h，共有20次会议。

（2）按照教育场所的不同进行分类

① 在岗培训OJT（on the job training） 在岗培训是由职场的管理、督导人员或特定的指导者，在职场内通过实际工作所进行的培训。在岗培训虽然会妨碍指导者的作业效率，但因为是在适当时所进行的符合现场实情的训练，受训人员可以尽快投入实际工作之中。

② 脱产培训（off JT） 这是受训人员离开工作场所，集中进行培训的方法。受训人员接受由专家进行的有关工作知识、技术、技能等的指导，适合广泛复杂的知识教育或特殊部门的教育培训等。

（3）按照教育实施方法的不同进行分类

① 讲课方式 主要采用由指导人员口授技术知识的方式。可以一次性教育到许多人，但有使教育变成单方向指导的倾向。

② 会议方式 会议方式是针对特定的问题，参加者自由地发表自己的意见并得出结论的方法。根据指导人员的适当指导，可以培养参加者对自己思路的总结或清晰表达自己想法的能力，或者培养正确理解对方意见的能力等。

③ 讨论方式 讨论方式也属于会议方式的一种，由会议参加者为解决某个问题而进行探讨，各抒己见。其中，向参加者展示具体案例，参会人员针对其问题进行研究分析而得出对策的，称为案例研究。

除此之外，还有指导人员和参加者进行角色互换的模拟实际的体验式方法、通过指导人员的授课或实际演绎后再由参加者自行模仿实施的实习方法等。

另外，在授课或会议中，若是展示了实物或模型，以及所进行的实验或模拟情景，则更能够深化参加者的理解。使用幻灯片、电影、录像等演示工具也是特别有效的方式。

除了以上的分类外，还有再教育、转职教育、升职教育、海外派遣教育等类型，它们都是根据需要来进行的。

10.3.2 能力开发

在企业中，挖掘潜藏在每一位员工身上的内在能力素质，并积极地促进其能力素质提高的过程称为**能力开发**。从企业的成长离不开员工的成长这个角度来说，有效地挖掘员工的能力有利于企业的发展。

作为提高员工能力的方法，除了前面介绍的教育培训外，给予员工开发自身能力的环境和机会是非常重要的。各种提高员工能力的研修方法中，具有代表性的方法有以下几种。

① 海外留学 通过培养国际化的视野，以应对企业的国际化。

② 国内深造 主要通过派遣到国内大学、研究机构、企业等处去学习，可以使员工掌握基础技术、新技术或技能等。

③ 资格获取的资助 对于技术师、技能师等和工作职务相关的资格考试给予奖励，并由企业负担报名费用等。

④ 远程教育学习的资助 对于企业承认的远程教育的学习进行资助，对取得学历的人员，可以由企业负担部分或全部学费。

⑤ 开设自主讲座 利用工作外时间或休息日，企业开设自主讲座，员工选择所需的科目参加，并自行负担授课费用。

如果认为经验是一种教育，每个员工所接受的职业生涯规划、使员工在企业内找到合适位置的人事调动也是能力开发的一种手段。

10.4 人事考核

10.4.1 人事考核的概念

对员工的工作态度和职务执行的状况所进行的员工能力和绩效的评价称为**人事考核**，又称为**工作评价**。人事考核的目的包括：①加薪、奖励的调整；②升职、调动的参考；③人才的适当分配；④进行教育训练、能力开发的资料等。

10.4.2 人事考核的方法

用于人事考核评定的考核指标，因职务等级或职务类型的不同而不同，但其考核评定标准的设定，必须遵循科学、合理、公正的原则。通常使用的考核指标有责任感、判断能力、理解能力、执行能力、注意能力、指导能力、计划能力、领导能力、沟通能力、应对能力、知识、技能、勤奋性、协调性、积极性、信赖性、独创性等。

基本的人事考核方法列举如下。

（1）排序法

排序法又称为等级法，它是根据员工的实际业绩进行排序的方法，管理者和监督者作为评价人员对自己监督下的员工进行评定而得出员工总分数与名次。对于职务相同人员的评定，排序法是简单可行的方法，但对于职务不同人员的评定，采用排序法时则存在难以定位的缺点。表10.1所示的就是排序法的例子。

（2）人物比较法

人物比较法是先从被评定的员工中选择一人作为标准的代表人物，其他全体员工通过与这个标准员工的比较来得出其绩效水平的考核方法。当评定人员比较多时，在正确观察和把握作为标准的代表人物方面能否得出一致性结果是这个方法的问题所在。

表10.1 排序法的例子

被考核者	考核项目								
	工作量	工作质量	理解能力	积极性	适应能力	知识、技能	合计	顺序	评定
A	2	1	3	5	3	4	18	3	良
B	1	3	2	4	5	1	16	1	优
C	4	5	4	1	2	3	19	4	良
D	5	2	1	3	4	5	20	5	可
E	3	4	5	2	1	2	17	2	优

（3）核对法（对照法）

核对法只需评定人员对记录在评定项目考核表上的内容，按员工日常工作的情况进行确定，之后由人事部门负责人员根据提前制定好的评定分数进行整理统计。

（4）量表评价法

量表评价法是根据评价量表（考核表）来对考核项目进行评价的方法，如图10.1所示，因为量表评价法比较简单，在企业的人事考核中使用最为广泛。

考核表

文件号

<table>
<tr><td>工厂名称</td><td></td><td>部门名称</td><td></td><td>职务</td><td></td><td>被评定者姓名</td><td></td><td>年龄</td><td>满岁</td><td>工作年数</td><td>满 年 月</td></tr>
<tr><td>序号</td><td>考核项目</td><td colspan="4">关键点（项）</td><td colspan="4">注意点（项）</td><td></td><td>评定</td></tr>
<tr><td>1</td><td>责任感</td><td colspan="4">完成工作的意欲和对结果的责任感程度</td><td colspan="5">1. 是否努力遵守期限，力争结果准确
2. 遇到问题时的态度如何</td><td></td></tr>
<tr><td>2</td><td>协调性</td><td colspan="4">可与领导和同事等构建顺利的人际关系的程度</td><td colspan="5">1. 对于困难的任务是否尽全力给予帮助
2. 是否只给予表面上的帮助</td><td></td></tr>
<tr><td>3</td><td>积极性</td><td colspan="4">对于必须做的事情，勇敢挑战的程度</td><td colspan="5">1. 对于工作改良、改善的努力态度如何
2. 在会议上，是否积极发言、提问</td><td></td></tr>
<tr><td>4</td><td>实施力</td><td colspan="4">正确、迅速、积极实施（开展）工作能力的程度</td><td colspan="5">1. 对于工作实施的判断力是否迅速
2. 遵循指示的行动是否准确</td><td></td></tr>
<tr><td>5</td><td>注意力</td><td colspan="4">注意工作细节，实施（开展）工作的集中力程度</td><td colspan="5">1. 对于工作是否偷懒
2. 工作中是否存在、浪费、困难</td><td></td></tr>
<tr><td rowspan="2">评定</td><td colspan="5">观察结果（意见）</td><td rowspan="2" colspan="2">评价标准</td><td rowspan="2" colspan="4">3. 不合格；5. 合格；6. 良好；7. 优秀；8. 很优秀；9. 非常优秀
评价位置</td></tr>
<tr><td>职位</td><td></td><td>期间</td><td colspan="2">自 年 月 日
到 年 月 日</td></tr>
</table>

图10.1 量表评价法的例子

（5）多指标综合考核法

多指标综合考核法是从整体来对员工进行评价，以对：①工作作风如何；②在整体排序上的排位情况；③能否充分地满足所从事职务的要求等要点所进行的综合的总结方法。

（6）自我申报制

自我申报制是由本人进行自身评价，针对所规定的事项进行申报的方法。申报内容有：①过去的工作经历、现在的职务；②投入的工作、遇到的困难及成果；③在执行职务中依次需要思考的事情，例如知识、能力、态度等；④有效应用职务能力的程度；⑤适合能力发挥的工作；⑥其他，如自身性格、健康状态、特长、研究事项、取得的资格、参加的教育培训等。

自我申报制可作为管理者或监督者制定人事考核的基础，用于提拔或职位变动等的参考，同时又可作为上级和下级谈话的材料使用。

10.5 薪酬管理

10.5.1 薪酬管理的概念

雇主对从事劳动的人员所支付的报酬称为薪酬，又可称为工资、薪资、年薪等，各种补贴或奖赏等也包含在内。

也就是说，对于雇主来说薪酬是经费的一部分，对于劳动者来说则是支撑生活的收入来源。薪酬具有两面性：雇主希望支付的薪酬少一些；劳动者想要获得更高一些的薪酬。对于这个相反利害关系的协调就是薪酬管理。

通常影响薪酬决策的要素包括：①企业的支付能力；②员工生活所需的费用；③劳动力的需求和供给的具体情况；④劳动的质量和数量；⑤劳资关系的交涉能力等。

10.5.2 薪酬管理的目的

从广义上来说，**薪酬管理**的目的是协调具有相反利害关系的劳资关系，从而实现公司的秩序和成长。更具体的目的则有：①确保劳动力；②促进员工劳动的意愿；③进行适当的薪酬支付；④提高劳动力的质量；⑤圆满解决人际关系；⑥稳定企业内部的劳资关系等。

10.5.3 薪酬体系与基本薪酬

（1）薪酬体系

薪酬体系就是薪酬构成的明细，即薪酬组成的具体要素。在日本，现行的薪酬体系根据企业的不同而有所差异，但一般包括表10.2所示内容。

表10.2 薪酬体系的例子

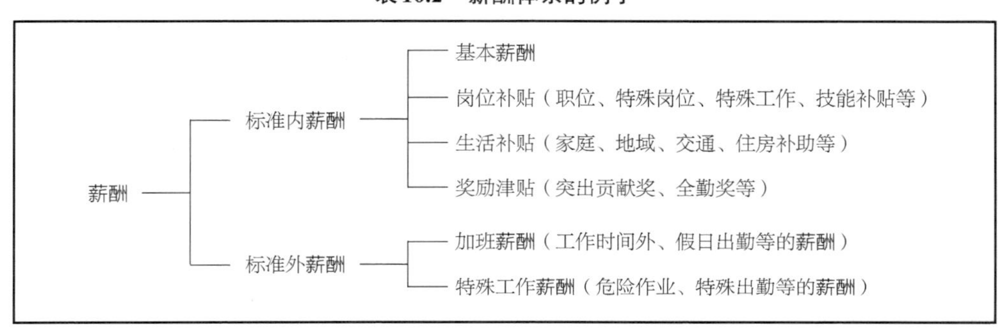

除了上述薪酬之外，还有根据企业收益情况作为奖金而支付的奖励，退休时根据在职年限一次性支付的退休金等。

（2）基本薪酬

在薪酬体系的项目中，**基本薪酬**是薪酬的中心，基本薪酬构成了薪酬整体的特性和特征。基本薪酬的决定方法如下。

① 工龄薪酬　工龄薪酬是在根据学历而决定的员工起薪的基础上，随着年龄、工作年数的增加而对薪酬进行增加的薪酬体系，或称为年功序列薪酬。这样，学历和工作年数的长短就成为决定薪酬的重要条件，可以降低员工的流动率，但不利于发挥人才的能动作用。

② 职务薪酬　职务薪酬是基于员工在企业的职务本身的价值而决定的薪酬，对于担当相同职务的人员来说，不管其学历、年龄、工作年限，企业所支付的薪酬是相同的。

所以，对于**职务薪酬**，首先要明确相应的职务内容和责任，然后客观地评价职务本身的价值，并将其分为几个等级，最后规定各个等级的薪酬标准。虽然各个等级的薪酬标准规定了一定的数额，但在设计各个等级薪酬标准的差异时，也考虑了相同等级内的加薪。还有，也要考虑各个等级薪酬标准之间薪酬差异的衔接重叠。图10.2示出了职务薪酬的形式。

③ 职能薪酬　职能薪酬是以员工职务完成能力的类型和程度为基准所决定的薪酬。实际上**职能薪酬**在整个薪酬中是有一定比例的。其主要的内容有：按照各职位的类别设置一定的能力差异的职能薪酬（与前述具有薪酬差异的职务薪酬

相同）；确定能力的排序，按照其职位所需的能力条件考核评定有资格担任此项业务的员工，并考虑学历、工作年限等，与固定薪酬相结合的方式来确定相应的职能薪酬；按照类似的各职位群体（例如，作业职务和监督职务）的情况，根据其完成职务所需的能力的程度来设定职能薪酬的等级，并结合固定薪酬来确定相应的职能薪酬等。

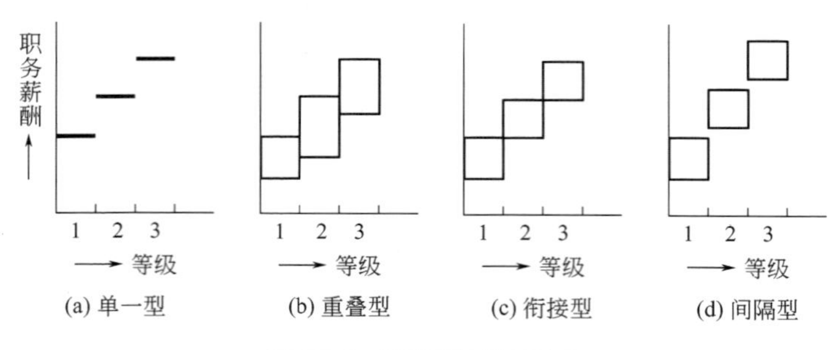

图10.2　职务薪酬的形式

10.5.4　薪酬的支付方式

支付薪酬金额的多少，取决于员工在劳动过程中消耗的劳动量。根据所消耗的劳动时间或者工作的效率不同，劳动量的测定有两种方法，因此，薪酬支付的形式可分为定额薪酬制和效率薪酬制。

（1）定额薪酬制

在以工作时间为基准的薪酬支付制度中，有小时薪酬、日薪酬、周薪酬、月薪酬、年薪之分，有按日结算和按月结算之分。

（2）绩效薪酬制

在以劳动效率为基准的薪酬支付制度中，有承包制和利益分配制之分。

① **承包制**是根据相应的劳动结果来计算薪酬的制度，有计件薪酬和超工作量薪酬两种。计件薪酬是按照员工生产合格产品的数量所支付的薪酬制度，超工作量薪酬是按照实际完成工作量超过标准工作量的比例来进行额外支付的薪酬制度。

② **利益分配制**是根据劳资关系的固定契约，将企业的部分利益按一定比例作为追加薪酬分配给职工的制度。

10.6　劳资关系

10.6.1　劳资关系的概念

劳使关系是在生产方面经营者与雇员的相互协助的关系，**劳资关系**则是经营者与工会间的关系。

为了企业的繁荣，劳资间的协助非常重要。关于人际关系的重要性已在1.4.2节中讲述，下面所述的是与劳动法律相关的劳资关系的概要性内容。

10.6.2 劳动法律法规

在日本，与劳资关系相关的基本法律有工会法、劳动基准法以及劳资关系调整法，统称为**劳动三法**。

（1）工会法

工会法旨在以劳动者和用人单位平等关系的立场，为改善劳动条件，提高经济地位，自主地选出代表人员而成立工会组织。工会组织的目的旨在通过集体的力量团结互助，在缔结劳动合同过程中进行团体交涉等。工会法的内容包括工会的性质、劳动协议的效力、经营者不公正劳动行为的禁止、劳动委员会等相关规定。

① 劳动协议　劳动协议是工会与用人单位或用人团体签订的关于劳动条件以及劳动者待遇标准的协议。劳动协议为了得到法律保护，必须有双方当事人的签名或者盖有双方当事人的名章。

② 不公正劳动行为　不公正劳动行为是指用人单位对工会会员的结社权、团体交涉权、争议权、工会组织的其他正常工会活动进行阻碍等的行为。

③ 劳动委员会　劳动委员会是为了进行工会组织的资格审查、不公正行为劳动行为的审查、劳动争议的斡旋、调解、仲裁，依据工会法而设定的行政机关。由来自于劳动方、用人方、公益方三方（三方人数相同）的代表委员构成。

（2）劳动基准法

劳动基准法是为了保护劳动者而制定的确定员工劳动条件最低标准的法律。对劳动协议、薪酬、劳动时间、休憩、休息日以及每年的带薪年假、安全以及卫生、女性以及未成年人员、技能人员培养、灾害补偿、入职规则、宿舍、监督机关等进行规定。

（3）劳动关系调整法

劳动关系调整法是为了使劳资关系得到公正调整，防止劳动争议，并解决劳动纠纷而制定的法律。劳动关系调整法以劳动关系当事人自行解决为基础，明确了处理劳资纠纷的办法有斡旋、调停、仲裁、紧急调整等。

10.6.3 工会的组织与制度

日本的工会以企业工会为主，这些企业工会按照企业的特点联合在一起又形成企业联合体（企业联）组织，进而，以企业联合体为基础形成了行业类别的行业工会组织。各个行业工会组织的集合就形成了全国组织。

作为工会的制度有开放性雇佣制、工人限期加入工会制、排外性雇佣制。

① 开放性雇佣制（open shop） 开放性雇佣制是根据劳动者的自愿来决定其是否加入工会组织，作为企业员工都有加入工会组织资格的制度。

② 工人限期加入工会制（union shop） 是职工具有在雇佣后一定时间内必须加入工会的义务的制度。

③ 排外性雇佣制（closed shop） 排外性雇佣制是指全体员工必须都加入工会，非工会会员不能成为企业员工的制度。

日本的工会大多采用工人限期加入工会制，其次则是采用开放性雇佣制。

第11章

工厂会计

11.1 成本核算

11.1.1 成本核算的概念

成本是指以每件产品为单位计算出来的，企业为生产和销售产品或服务而发生的费用。此时，**费用**是指原材料费用、劳动力费用、机械设备费用等。具体地说，成本是用货币价值的形式表示的生产活动，成本数据的分析能够反映出生产效率的水平。

对成本进行的计算与分析的环节称为**成本核算**。成本核算的作用如下。

① 成本核算是确定适当的产品价格的基础资料。

② 成本核算是改进生产方法、降低成本的原始资料。

③ 成本核算是成本管理中，用以确定标准成本的资料。

④ 成本核算是确定经营管理方针等时需要的成本信息。

⑤ 成本核算为确定财务状态的财务报表提供所需要的材料。

其中，财务报表是指对股东或金融机构等利益相关者提供的财务和经营状况的会计报表，它反映了过去一个财务周期内，企业的经营成果和财务表现。

11.1.2 成本的构成

根据成本使用的目的不同，成本构成的内容也有着各种不同的分类。

（1）按成本要素划分的成本构成

从成本要素的角度来看，成本构成有：产品在生产过程中发生的直接支出的材料费、劳务费以及生产活动中所需的诸多制造费（三个要素）。这三个要素对于工厂的产品生产而言是必须的成本，因此，亦称为**生产成本**或**工厂成本**。

将三个要素的科目更细分的话，则可表示如下。

① 材料费　包括原材料、部件、其他工厂的消耗品、备品备件费等。

② 劳务费　包括与工资（薪酬）相关的一切费用。

③ 制造费用　除①、②以外的所有费用。

除了上述三个要素外，营业费用、利润等也含其中。产品销售价格和成本构成之间的关系如图 11.1 所示。

<table>
<tr><td colspan="5">销售价格</td></tr>
<tr><td colspan="4">总成本(销售成本)</td><td rowspan="3">利润</td></tr>
<tr><td colspan="3">生产成本(工厂成本)</td><td rowspan="2">营业费</td></tr>
<tr><td>材料费</td><td>劳务费</td><td>制造费</td></tr>
</table>

图 11.1　成本构成

（2）按照与经营能力利用度的关系划分的成本构成

从与经营能力利用度有没有关系的角度来看，成本构成主要有固定成本和可变成本之分。

这里所说的**经营能力利用度**是指企业利用设备、劳动力、资材等生产能力的程度。通常可用实际产量与标准产量之比表示。产量的衡量指标除了生产数量之外，还有金额、作业时间、机械运转时间等。

① 固定成本　固定成本与经营能力利用度或产量的变化无关，它是指在一定期间内，保持相对稳定的费用，如租赁费、保险费、折旧费、固定资产税等。

② 可变成本　可变成本是指随着经营能力利用度或产量的变化而发生变动的费用，如材料费、差旅费、消耗品费等。

从企业整体角度观察总成本情况下，固定成本与可变成本组合而形成的总成本如图11.2所示。由此可知，随着经营能力利用度的增加，虽然固定成本保持不变，但总成本与可变成本将同步增加。但是，如图11.3所示，单位产品的成本中各要素的变化趋势与总成本正好相反，需要特别注意。

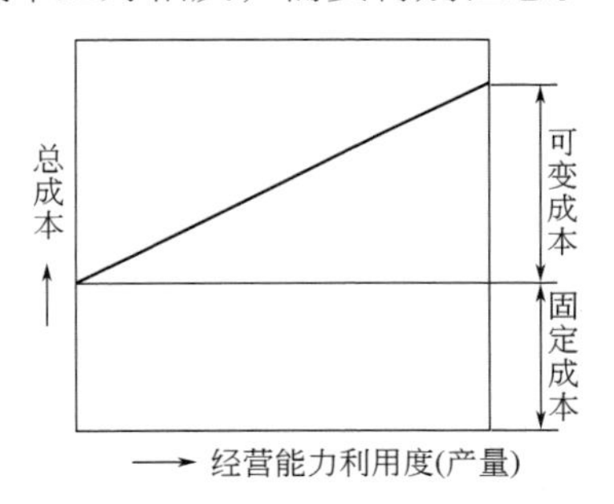

图11.2　总成本的表示方法

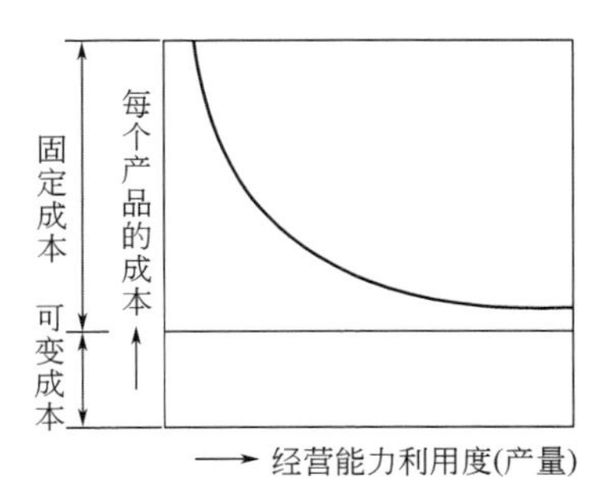

图11.3　单位产品的成本表示方法

（3）按产品的费用使用方划分的成本构成

从产品生产过程中的费用是不是能够明确地得出的角度来看，成本构成有直接费用和间接费用之分。

① 直接费用　直接费用是指能非常明确地知道某产品的生产所耗费的成本

费用，例如，制造铁桥、船舶、车辆等使用的钢材费等。

② 间接费用　间接费用是指为多种产品的生产共同消耗使用的、不能根据产品来区别的成本费用，例如，工厂使用的电费和水费等。

在确定产品成本时，必须根据相应的标准将费用分摊到各种类型的产品中。前面所提到的材料费、劳务费、制造费用也要按照直接费用、间接费用进行区分。

11.1.3 成本核算的种类

成本核算根据使用目的、假设条件等的不同，有各种各样的方法。

（1）单件成本核算

单件成本核算是按照产品或按照订单来计算成本的方法，大多数应用于多品种少量的订单生产。如表11.1所示，单件生产成本分成直接费用和间接费用计算。

表11.1　单件生产成本的计算项目

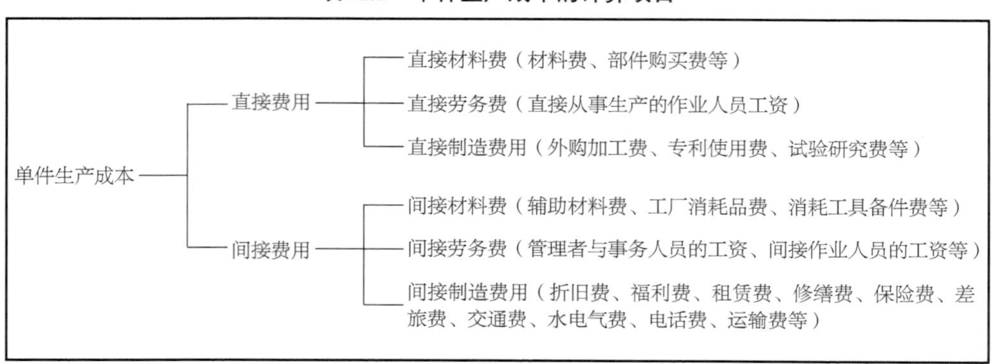

① 计算方法　对于大型装置或设备等的成本核算要按照单个产品来进行。另外，对于同时成批生产的产品，在对同一个品种进行成本核算时，以所领取的生产作业单一个批次作为成本计算单位，再用其去除成品数量从而计算出每个产品的成本。

② 间接费用的分摊方法　对于产品的费用计算，相对而言，直接费用计算比较容易，间接费用则难以准确地分摊到每个产品，计算过程过于复杂则费时，计算过于简单又不能保证其正确性。所以，要根据与产品的关系程度来决定相应的分摊比例，并尽可能使用便于计算的方法。

对于产品的分摊法（分配法）有以下几种。

a. **以金额为标准**的分摊法

• **直接劳务费标准法**。直接劳务费标准法是指以直接从事产品生产的作业员工的薪酬费用为标准的方法。这个方法适用于机械设备使用不多、以劳动力为主，且薪酬费用与生产量基本成线性关系的场合。

• **直接材料费标准法**。直接材料费标准法是指以材料费、部件购买费等易于核算的直接材料费为标准的方法。采用这个方法时，由于材料的购入价格受到供需关系波动的影响，所以不能算是绝对准确的标准。直接材料费标准法适用于直接材料费所占比例大的场合。

• **直接费用标准法**。直接费用标准法是指以直接材料费、直接劳务费以及直接制造费的总额为标准的方法。这个方法只是步骤简单，并不是适当的标准。

b. **以时间为标准**的分摊法

• **直接劳动时间标准法**。直接劳动时间标准法是指以与产品的生产直接相关的劳动时间作为标准的方法。也就是说，将某个生产部门在一定期间内花费的间接费用总额除以直接劳动的总时间，求得单位直接劳动时间的间接费用，以单位直接劳动时间的间接费用为基准，乘以各产品生产制造过程中所需要的直接劳动时间就得到其相应的分配额。这个方法并不精确，但应用广泛。

• **机械时间标准法**。机械时间标准法是指以使用机械的时间作为标准的方法。也就是说，将各个机械分摊到的间接费用除以相同期间的总运转时间，并乘以生产各个产品的机械使用时间而得到相应的分摊额。这个方法适用于间接费用中的折旧费、运转费、修缮费等所占比例较大的场合。

（2）综合成本核算

综合成本核算是指计算定期发生的产品全部成本总额，除以该期间的产品生产数量，从而得到产品单位成本的计算方法。产品单位成本的计算方法适用于连续生产单一品种或少种类产品的场合。综合成本核算的类型如表11.2所示。

表11.2　综合成本核算的类型

类型	特征	企业例子
简单的综合成本核算	只持续反复地生产一种产品时	水泥行业、纺织行业、酿造行业
按级别的综合成本核算	按等级连续反复生产相同类型但形状、大小、质量等不同的多个产品生产时	制铁行业
按分批的综合成本核算	按分批连续生产类型或规格等不同的产品时	电气制造
按工序的综合成本核算	通过两个以上的工序进行连续生产时	机械加工业
按联产品的综合成本核算	连续生产相同材料、相同工序不同产品时	石油产业、煤气制造业

在简单的综合成本核算时，因为一个工厂只生产一种产品，与单件生产相

似，但在计算上有所区分，综合成本核算是按期间，单件成本核算是按批次。所以，在单件成本核算中，必须计算出详细的所有科目的各自费用，在综合成本核算中，则只需要知道期间内生产成本的总额就可以了。但是，从连续生产的过程来看，会有半成品出现，所以，此时必须将此期间发生的总成本分解成产品成本与半成品成本，才可以进行综合成本的核算。

另外，由于半成品的成本是不能通过直接计算得出的，所以，首先进行半成品的成本评价，将期初、期末的半成品数量按照完成品进行换算，然后根据下式计算单位产品的成本。

$$\text{单位产品的成本}=\frac{\text{期初半成品结存额}+\text{本期产品成本}-\text{期末半成品结存额}}{\text{本期完成的产品数量}}$$

（3）其他成本核算

① 事前与事后成本计算

a. **估计成本计算** 估计成本计算是指在产品的生产开始之前，预先估算成本的一种成本计算方法。

b. **标准成本计算** 标准成本计算是指在产品的生产开始之前，根据科学、统计性地调查，预先制定标准成本的一种成本计算方法。

c. **实际成本计算** 实际成本计算是指根据产品的生产过程实际发生的费用来确定成本的一种成本计算方法。

将以上方法按照时间进行分类的话，则a与b称为事前成本预测，c称为事后成本核算。针对估计成本、标准成本、实际成本进行差异分析，将有助于成本改进。

② 直接成本计算 直接成本计算是指将成本划分为固定成本和可变成本，只计算可变成本的一种成本计算方法。如图11.2和图11.4所示，可变成本和净利润及销售额成正比，因为明确了经营能力利用度与成本间的关系，虽然不适用于长期计划，但适用于降低成本或利润计划等。

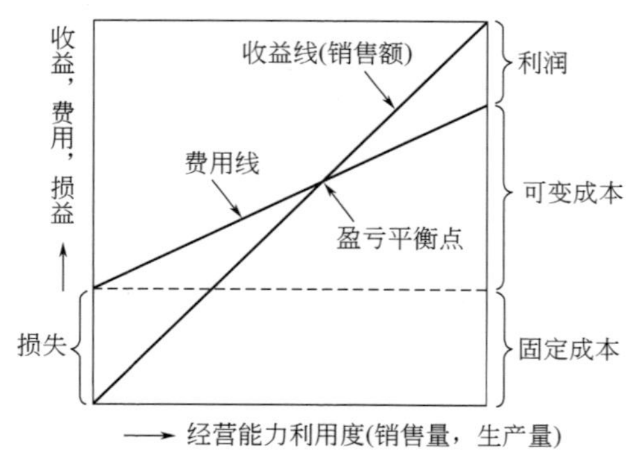

图11.4 销售额和可变成本与利润间的关系（盈亏平衡表）

③ 按部门的成本计算　按部门的成本计算是指在决定产品成本之前，在企业内部，针对于各相关部门所耗费的费用的一种归集方法。计算管理部门（劳务、采购、计划、设计、研究、试验、事务等）、制造部门、辅助部门（动力、修缮、用水、工具、搬运、检查等）等的部门成本。外购部分，则要看其是否用于内部各个部门。

11.2 固定资产折旧

11.2.1 固定资产折旧的概念

相当于资本的财产叫资产，工厂中的建筑或机械、设备称为固定资产。固定资产随着时间流逝和不断使用，所具有的价值会逐渐下降，或者变为旧型号而失去一部分经济价值，这种价值的损失就称为折价。

折价是企业运营过程中产生的损失，或者认为是制造费用，所以要将它作为生产成本的一部分进行分摊。另外，为了准确地表示资产，需要从账本上对折价的资产进行减值处理。按照会计期间从固定资产的金额中减去相当于折价的费用，在日常核算中，不断地将损失的金额纳入会计核算的手续就称为固定资产折旧。

近年来，随着生产技术进步的快速发展，机械或设备越来越高端，其价格也逐渐高昂起来，因此，折旧费在成本中所占的比例随之不断地加大。

11.2.2 固定资产折旧的方法

虽然固定资产折旧的方法有很多，但是按照税法规定，常用的是等额法和等率法。设：资产获得的价格（购买时的原始价值）为C，残余价值（卖出时的价值）为S，预计使用年限为n。

预计使用年限是指机械、设备等固定资产可使用的年数。预计使用年限可以从物理的、经济的、法律的各角度进行区分。一般，企业中使用的预计使用年限是根据从物理和经济两方面考虑的法定标准来决定的。

（1）定额法

定额法是从每个期末未折旧余额中减去一个固定不变的数额来计算该期折旧额的方法。每期减去的折旧额D可用下式求出。

$$D=\frac{C-S}{n} \tag{11.1}$$

（2）定率法

定率法是将每个期末未折旧余额乘以一个固定不变的折旧率来计算该期折旧额的方法。因为未折旧余额每年递减，折旧费也就每年递减。折旧率可用下式表示。

$$i=1-\sqrt[n]{\frac{S}{C}} \tag{11.2}$$

第1期的未折旧余额为$C(1-i)$，第2期为$C(1-i)^2$，则第n期的未折旧余额为$C(1-i)^n$，于是$C(1-i)^n=S$。由此求解得到式（11.2）。

折旧涉及的固定资产，包括有形固定资产（土地、建筑、设备、机械等）和无形固定资产（专利、土地使用权等）。一般来说，有形固定资产的折旧可用定额法和定率法计算，无形固定资产的折旧可用定额法计算。

【例11.1】购入1台工作机械的价格是1000万日元，预计使用年限（寿命）10年，预计残余价值为110万日元时，使用定额法和定率法分别求解固定资产折旧费。

【解】① 采用定额法时　根据式（11.1）有

$$D=\frac{C-S}{n}=\frac{1000-110}{10}=89$$

于是，每年度的折旧费用为89万日元，10年后为89×10=890万日元，890万日元加上预计残余价值的110万日元，就与购买时的价格（1000万日元）相同。

② 采用定率法时　根据式（11.2）有

$$i=1-\sqrt[n]{\frac{S}{C}}=1-\sqrt[10]{\frac{110}{1000}}=0.198$$

于是，如果用各年度末的折旧余额的计算法，从第1年末到第4年末的折旧余额如下所示。另外，第5年也能够用同样方法求得。

第1年末：1000×0.198=198万日元。

第2年末：1000×（1−0.198）×0.198=159万日元。

第3年末：$1000\times(1-0.198)^2\times0.198=127$万日元。

第4年末：$1000\times(1-0.198)^3\times0.198=102$万日元。

表11.3就是用定额法和定率法表示的从第1年末到第10年末的折旧额和账本净值。

表11.3　根据定额法和定率法求解的折旧额

年度	定额法			定率法		
	折旧额	累计折旧额	账本净值	折旧额	累计折旧额	账本净值
1	89	89	911	198	198	802
2	89	178	822	159	357	643

续表

年度	定额法			定率法		
	折旧额	累计折旧额	账本净值	折旧额	累计折旧额	账本净值
3	89	267	733	127	484	516
4	89	356	644	102	586	414
5	89	445	555	82	668	332
6	89	534	466	66	734	266
7	89	623	377	53	787	213
8	89	712	288	42	829	171
9	89	801	199	34	863	137
10	89	890	110	27	890	110

11.3 成本管理

11.3.1 成本管理的概念

成本管理是指根据成本核算资料所进行的，以合理降低成本为目的的管理活动。虽然有各种方法，但是最常用的方法是将按要素类别划分的成本设定为标准，并与实际发生的成本相比较，以及时纠正偏差。

例如，针对现场管理活动中的实际问题，通过减少因作业不熟练产生的残次品、防止不加工时的机械的空转、减少由于材料保管不当而造成的消耗等改进措施，通过这些管理活动，能够使实际发生的成本趋近于标准值。

11.3.2 成本管理的方法

一般而言，设定成本管理标准时使用标准成本。标准成本是指在产品生产制造之前，科学地、统计地测定产品生产中所需要的材料和作业时间等的消耗量，并将其换算成货币价值而得到的成本。

标准成本分为直接费用和间接费用，其计算方法如下。

直接材料费的标准 = 标准单价 × 消耗用量标准

直接劳务费的标准 = 标准工资率 × 作业时间标准

间接费的标准 = 经营能力利用度 × 标准时间的间接费

成本管理的步骤，大致如下。

① 按照各产品单位或各管理部门来设定标准成本。

② 向各部门的管理责任者展示标准成本，并以此为活动目标进行任务分配。

③ 各管理者为了使实际业绩趋近于标准而进行生产活动的控制。

④ 在适当的期间，成本核算部门要计算实际业绩。

⑤ 将实际业绩与标准进行比较，分析所产生的差异并明确原因。

⑥ 以分析的结果为依据，采取适当的改进措施，并将其设定为今后的标准或将其作为可行的资料进行合理管理。

习题

习题11.1　购入1台新设备的价格是2000万日元，预计使用年限（寿命）为10年，预计残余价值为200万日元时，使用定额法和定率法分别求解固定资产折旧费。

第
12
章

信息处理

当企业规模逐渐变大而组织结构越来越复杂，将会极大地影响企业运行所需信息的顺利传递。为此，采用了集合运算速度快的大规模集成电路（LSI）实用化的计算机（电子计算机，electronic computer），来实现这些复杂信息的快速、准确处理。

12.1 计算机的组成

计算机是人类为了扩展能力而设计出来的工具，其作用也与人类非常相似。人类通过眼睛、耳朵等获取外部信息，由大脑的神经系统进行记忆、判断和控制，通过手、口等向外部传递信息。计算机与人的大脑一样，它将获取的大量信息存储起来，通过比较搜寻存储的信息（称为**检索**），进而，同时将它的判断、复杂计算的结果传递给外部。计算机能够快速准确地进行这样的处理。

也就是说，计算机的组成大体上可以分为输入、存储、运算、控制和输出五个部分，如图12.1所示。

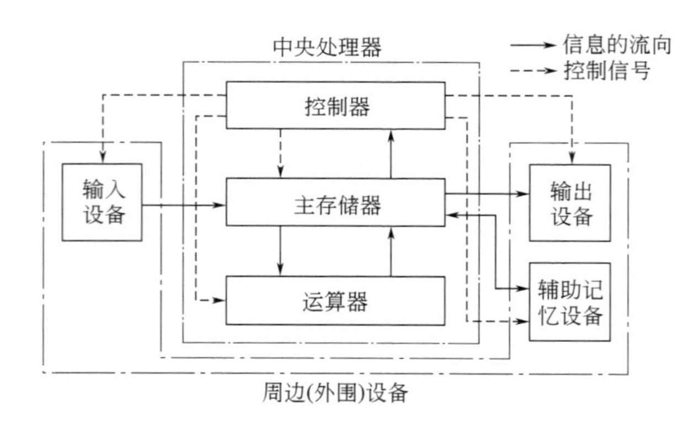

图12.1 计算机的组成

通常将运算器和控制器合称为**中央处理器**（central processing unit，CPU）。在小型计算机中，中央处理器有时也包括存储器。

计算机各部分的作用如下。

（1）输入设备

输入设备的作用是接受来自控制器的命令，将采集到的数据或者程序（处理的顺序）的信息输入存储器。计算机的输入设备主要有进行文字输入的键盘、光学字符识别（OCR）、图形鼠标、手写板以及图像扫描仪等。

（2）输出设备

输出设备的作用是接受来自控制器的命令，将计算机运算处理的结果等信息显示出来。计算机的输出设备有将存储的内容记录在纸面上的印刷设备（打印机）、描绘图形与曲线的绘图设备（绘图机）等。在不保留记录的输出方式中，有屏幕显示的装置（显示器）、使用人工合成的声音输出应答内容的声音应答装置等。另外，还有使用绘图机或者大型打印机作为设计制图的自动图形输出设备。

（3）主存储器

主存储器是在输入装置中读取数据及程序信息并提供运算结果的记忆装置。存储信息的记录媒介是LSI。

LSI是在边长只有数毫米的基板上，植入多个能起到晶体管或者电阻等作用的元件，称为IC（集成电路），当集成的元件数量达到1000个以上时称为LSI（large scale integration circuit，大规模集成电路）。另外，元件数量超过10万个的称为超LSI（VLSI）。

（4）运算器

运算器是接受来自控制器的命令和来自主存储装置的信息，进行四则运算与逻辑运算等的装置。

（5）控制器

控制器是读取存储在主存储器中记录的程序，对程序规定的控制信息进行解释，根据要求向其他各部分发出控制信号下达命令的装置。

如图12.1所示，相对于主存储器，将不包括在中央处理器内的存储器称为**辅助存储装置**，主要有磁带、磁盘及光盘等。另外，输入设备、输出设备、辅助存储装置等统称为**周边设备**。主存储器和各种周边设备之间的数据传送通过接口（interface，连接机制）进行。

这种计算机的设备及其机器本体称为**硬件**（hardware），与这一称呼相对应，计算机所使用的程序称为**软件**（software）。

12.2 信息处理的流程

12.2.1 二进制法

计算机信息处理方法的基本思路是采用有电流流入和没有电流流入两个状态来表示，若有电流流入时用1表示，而没有电流流入时用0表示。这种使用0和1这两个数表示数值的方法称为**二进制法**。

（1）二进制数

用二进制法表示的数据称为二进制数，二进制数与常用的十进制法的数（十进制数）之间的关系如表12.1所示。

表12.1 二进制数与十进制数的关系

十进制数	0	1	2	3	4	5	6	7	8	9	10	11	12
二进制数	0	1	10	11	100	101	110	111	1000	1001	1010	1011	1100

在十进制法的加法中，如同“9+1=10”这样的算式，当个位数的数字超过“9”之后时，就向前进一位变成了“10”。在十进制中“1+1”等于“2”，而在二进制法中，由于个位数的数字超过了1，所以向前进一位后变成了“10”。因此，在二进制法中，3是“10+1=11”，4是向前进两位为“11+1=100”，就是说十进制中的4，在二进制中用“100”表示。

十进制数和二进制数各位数的数值比较见表12.2。

表12.2 二进制数和十进制数各位数的数值比较

位数的位置	千位	百位	十位	个位
十进制数	$1000=10^3$	$100=10^2$	$10=10^1$	$1=10^0$
二进制数	$8=2^3$	$4=2^2$	$2=2^1$	$1=2^0$

① 将二进制数转换为十进制数的方法　一般常用的十进制法如表12.2所示，根据数字的位置表示其位数。例如，“123”的十进制数具有如下含义。

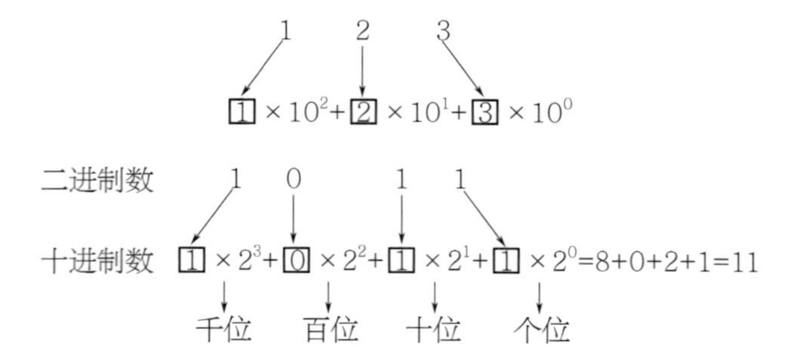

② 将十进制数转换为二进制数的方法　为了将十进制数转换为二进制数，要将十进制数用2除，并将计算的商再除以2，求得各自的余数，将这种运算依次进行到商到0为止，以运算顺序相反地读取这一计算过程的余数，就能得到该十进制数对应的二进制数。例如，在将十进制数的28转换为二进制数时，按照表12.3进行计算。

表12.3 将十进制数转换为二进制数的计算方法

用2除	商	余数	
$\frac{28}{2}$	14	0	最高位的数
$\frac{14}{2}$	7	0	
$\frac{7}{2}$	3	1	
$\frac{3}{2}$	1	1	
$\frac{1}{2}$	0	1	最低位的数
		二进制数	1 1 1 0 0

即答案是 $[28]_{10}=[11100]_2$。为了验证这一答案是否正确，进行反向转换，具体过程如下所示。

$$\boxed{1}\times 2^4+\boxed{1}\times 2^3+\boxed{1}\times 2^2+\boxed{0}\times 2^1+\boxed{0}\times 2^0=16+8+4+0+0=[28]_{10}$$

如果比较二进制数和十进制数的数字位数，显然二进制数的位数远远多于十进制数，但由于二进制只用0和1表示，所以对数字的处理更为简单。

例如，用“1”表示点亮灯泡、用“0”表示熄灭灯泡，回路中的电信号使用的ON（开）就是“1”、OFF（关）就是“0”等，使用“0”和“1”就能表示电气关系中的电气开关的闪烁。

（2）四则运算

加法运算是在二进制中进行四则运算的基础，能够以十进制法相同的思路进行计算。

① 加法运算　加法运算根据下面四种情况的组合进行。

***A*+*B*的计算**：0+0=0；0+1=1；1+0=1；1+1=10。

两者相加变成“2”时，就向上进一位。

可用表12.4来表示上述计算。

表12.4 二进制数的加法

A	*B*	*A*+*B*
0	0	0
0	1	1

续表

A	B	$A+B$
1	0	1
1	1	1　0
		↑　　向上进一位

【例12.1】（验算）将二进制数转换为十进制数，过程如下。

$$\begin{array}{r} 00101 \\ +10010 \\ \hline 10111 \end{array} \left[\begin{array}{r} 5 \\ +18 \\ \hline 23 \end{array}\right]_{10}$$

$$\begin{aligned} 00101 &\rightarrow 0\times2^4+0\times2^3+1\times2^2+0\times2^1+1\times2^0 \\ &=0+0+4+0+1=5 \\ 10010 &\rightarrow 1\times2^4+0\times2^3+0\times2^2+1\times2^1+0\times2^0 \\ &=16+0+0+2+0=18 \\ 10111 &\rightarrow 1\times2^4+0\times2^3+1\times2^2+1\times2^1+1\times2^0 \\ &=16+0+4+2+1=23 \end{aligned}$$

【例12.2】（验算）

$$\begin{array}{r} 1100100 \\ +1011100 \\ \hline 11000000 \end{array} \left[\begin{array}{r} 100 \\ +92 \\ \hline 192 \end{array}\right]_{10}$$

$$\begin{aligned} 1100100 &\rightarrow 1\times2^6+1\times2^5+0\times2^4+0\times2^3+1\times2^2+0\times2^1+0\times2^0 \\ &=64+32+0+0+4+0+0=100 \\ 1011100 &\rightarrow 1\times2^6+0\times2^5+1\times2^4+1\times2^3+1\times2^2+0\times2^1+0\times2^0 \\ &=64+0+16+8+4+0+0=92 \\ 11000000 &\rightarrow 1\times2^7+1\times2^6+0\times2^5+0\times2^4+0\times2^3+0\times2^2+0\times2^1 \\ &\quad +0\times2^0 \\ &=128+64+0+0+0+0+0+0=192 \end{aligned}$$

② 减法运算　在减法运算中，有补码运算与从上一位借数的借位运算两种方法。补码运算是指从某一特定的数减去给定值所得到的值。在二进制数中，相当于所有位数都取反码的值以及在其末位数上加1的补码值。例如，若特定的数为“111”与“1000”，则“101”的反码是“010”，补码是“011”。在这种场合下进行区分，“010”称为**1的补码**，“011”称为**2的补码**。

a. **使用补码的情况**。**减法运算**如下面的例12.3所示，将减数（扣除的数）修改成反码并与被减数（被减的数）相加，进而再加上1即可。另外，当减数大于被减数时使用例12.4所示的方法。

【例12.3】

$$\begin{array}{r} 10110 \\ -01010 \\ \hline \end{array} \xrightarrow[\text{（1的补码）}]{} \begin{array}{r} 10110 \\ +10101 \\ \hline 101011 \end{array} \quad \left[\begin{array}{r} 22 \\ -10 \\ \hline 12 \end{array}\right]_{10}$$

```
└──→1 ……加上进位的1
 ─────
 01100 ……答案
```

【例12.4】

```
   11100                    11100  ┌ 28 ┐
  -11110  ───────────→     +00001  │-30 │
 ────────  （1的补码）    ────────  │────│
                            11101…┆└  2 ┘10
                                  ┆
                                  ┆……ⓐ
（当没有进位的场合，运算  ──────→ -00010 ……运算结果
结果成为负数，给ⓐ的补码
带上负号的值就是运算结果）
```

b. **从上位借数运算的情况。**

十进制法：从上一位数借1，则这个1就相当于下一位数的10。

```
 10   100  从上一位数借1，则
 -1,   -1  这个1就相当于下
 ──   ───
  9    99  一位数的10。
```

二进制法：从上一位数借1，则这个1就相当于下一位数的2。

```
 10   100  从上一位数借1，则
 -1,   -1  这个1就相当于下
 ──   ───
  1    11  一位数的2。
```

【例12.5】

```
  1010111 ┌ 87 ┐
 -0110101 │-53 │
 ──────── │────│
  0100010 └ 34 ┘10
```

③ 乘法运算　基于下面四种情况的组合进行计算。

***A*×*B*的计算：**0×0=0；0×1=0；1×0=0；1×1=1。

上述的计算表示在表12.5中。

表12.5　二进制数的乘法

A	B	$A \times B$
0	0	0
0	1	0
1	0	0
1	1	1

【例12.6】

```
  1011    [  11 ]
× 101     [× 5  ]
──────    [ 55  ]₁₀
  1011
 0000
1011
──────
110111
```

【例12.7】

```
   11010   [  26 ]
×    101   [×  5 ]
────────   [ 130 ]₁₀
   11010
  00000
 11010
────────
10000010
```

④ 除法运算　除法运算的方法与十进制的除法计算相同，依次从被除数中减去除数。

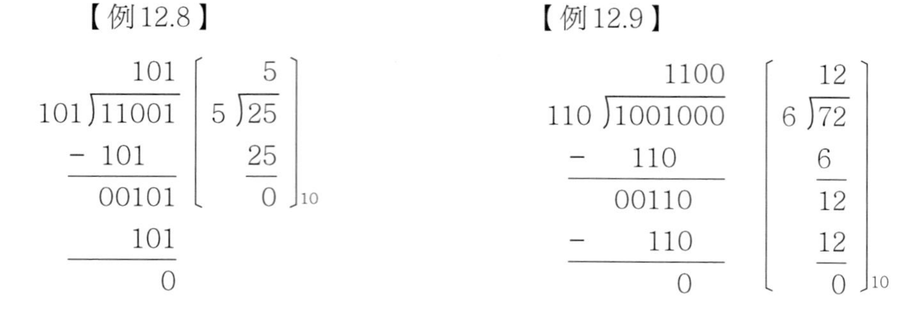

12.2.2　逻辑电路

计算机根据二进制法进行信息控制和运算，这里，采用了利用开关作用的逻辑电路。逻辑电路是指含有逻辑思考的电气回路，类似于人类的大脑。

在逻辑电路中，作为控制电流的基本回路有与门回路（AND）、或门回路（OR）以及非门回路（NOT）等。由于AND与乘法运算相似，所以是逻辑乘积值；OR与加法运算相似，所以称为逻辑和；而NOT具有否定的含义。

（1）AND回路

如图12.2所示，在开关A和B串联的回路中，只有A和B两者同时闭合时，灯泡C中才有电流流入。现在，若开关的闭合状态设为1，开启状态设为0，电流流入C使灯泡亮的状态设为1，灯泡灭的状态设为0，其相互之间的关系如图12.2（d）所示。

用公式表示A、B以及C之间的关系，即

$C=A\times B$（$0\times0=0$，$0\times1=0$，$1\times0=0$，$1\times1=1$）

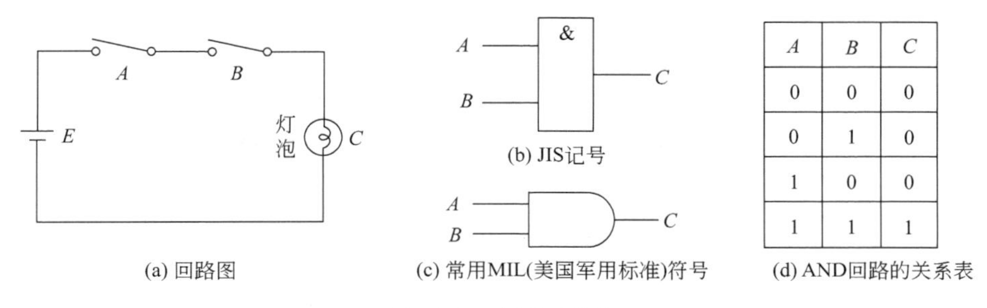

A	B	C
0	0	0
0	1	0
1	0	0
1	1	1

(a) 回路图　(b) JIS记号　(c) 常用MIL(美国军用标准)符号　(d) AND回路的关系表

图12.2　AND回路

（2）OR回路

如图12.3所示，在开关A和B并联的回路中，只要A和B中任一闭合的话，就会有电流流入灯泡C而使其发亮。

用公式表示A、B以及C之间的关系，即

$C=A+B$（0+0=0，0+1=1，1+0=1，1+1=1）

此时，由于加法具有OR（或）的含义，所以上一行的括号中的1+1=1这一运算与通常的加法运算不同，即在同一回路中的两个开关同时闭合的场合，即使是（1+1）状态，而因为只有一个灯泡，灯泡C发亮就只能表示1。

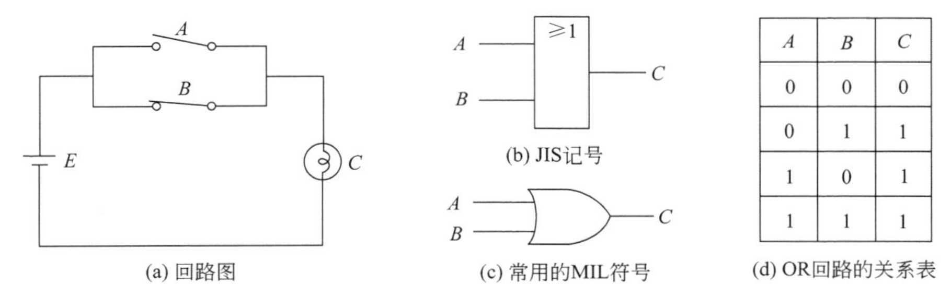

A	B	C
0	0	0
0	1	1
1	0	1
1	1	1

(a) 回路图　(b) JIS记号　(c) 常用的MIL符号　(d) OR回路的关系表

图12.3　OR回路

（3）NOT回路

如图12.4所示，当开关A闭合时，上面回路中的电磁铁起作用，开关B开启。当开关A开启而开关B闭合时，电流在下面回路中流动而灯泡C点亮。

A和C之间的关系可用下式表示。

$C=\overline{A}$（$\overline{1}=0$，$\overline{0}=1$）

另外，NOT A就是意味着否定A，用符号表示就是$\overline{A}$、A'等（通过在字母上划横线或者在右上角加撇进行区分）。

（4）逻辑回路的组合

以AND、OR、NOT三个基本回路为基础，能够组合成各种回路，计算机就是利用了这些回路进行信息的传递。逻辑回路最重要的作用之一就是运算，半加器的回路如图12.5（a）所示。半加器是由AND、OR以及NOT这三个基本回路

组成，是基本的运算回路，如果设回路中的输入A、B的之和为S，以及向上进位为K的话，就能够实现二进制个位数的加法运算。

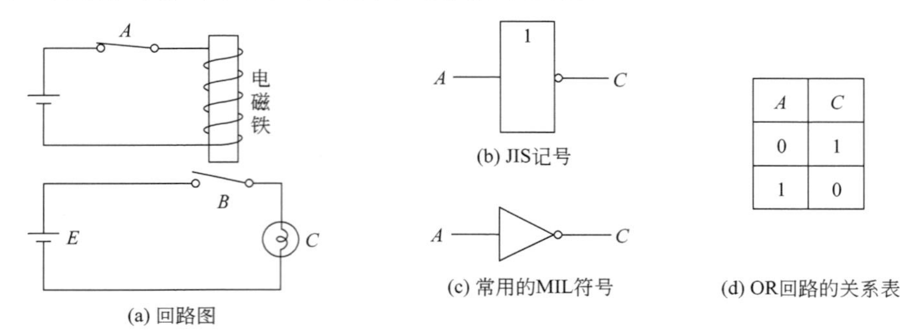

A	C
0	1
1	0

(a) 回路图　(b) JIS记号　(c) 常用的MIL符号　(d) OR回路的关系表

图12.4　NOT回路

图12.5（b）归纳总结了用含有中间变量C、D、E等表示的输入A、B和输出S、K的关系。

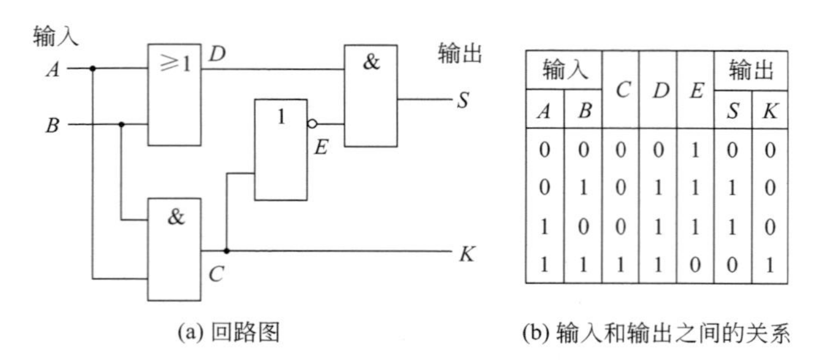

输入		C	D	E	输出	
A	B				S	K
0	0	0	0	1	0	0
0	1	0	1	1	1	0
1	0	0	1	1	1	0
1	1	1	1	0	0	1

(a) 回路图　(b) 输入和输出之间的关系

图12.5　半加器

在进行完整的加法运算中，由于需要对来自于下位进位的处理，所以需要有三个输入。这样的回路称为**全加器**，其结构组成如图12.6所示。

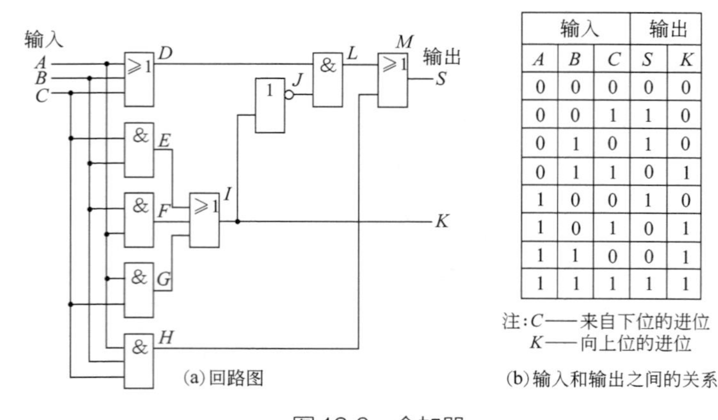

输入			输出	
A	B	C	S	K
0	0	0	0	0
0	0	1	1	0
0	1	0	1	0
0	1	1	0	1
1	0	0	1	0
1	0	1	0	1
1	1	0	0	1
1	1	1	1	1

注：C——来自下位的进位
　　K——向上位的进位

(a) 回路图　(b) 输入和输出之间的关系

图12.6　全加器

利用这种加法器进行十进制的加法计算则有$A+B=5+7=12$。也就是说，将十进制数转换为二进制数，即$A+B=101+111=1100$，利用加法器的计算步骤如图12.7所示。

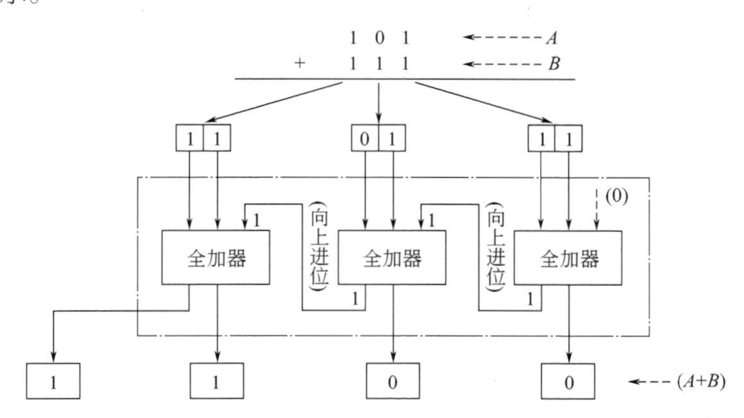

图12.7 采用全加器进行计算的步骤

12.2.3 比特

在二进制中确定是0或者是1的1位数的信息称为**比特**（bit）。即使将1或0用YES或NO进行替换也可以，总之就表示这就是信息的最小单位。

在1比特中只能区分2种状态0或1，但在2比特中能够区分4种状态，分别为（0、0）、（0、1）、（1、0）、（1、1），进而在3比特中能够区分8种状态，见表12.6。以此类推，在n比特中能够区分的状态可以用2^n表示。

表12.6 比特

<table>
<tr><th>1比特</th><th>2比特</th><th>3比特</th></tr>
<tr><td rowspan="4">（0）</td><td rowspan="2">（00）</td><td>（000）</td></tr>
<tr><td>（001）</td></tr>
<tr><td rowspan="2">（01）</td><td>（010）</td></tr>
<tr><td>（011）</td></tr>
<tr><td rowspan="4">（1）</td><td rowspan="2">（10）</td><td>（100）</td></tr>
<tr><td>（101）</td></tr>
<tr><td rowspan="2">（11）</td><td>（110）</td></tr>
<tr><td>（111）</td></tr>
</table>

在计算机中，通常用8比特来表示1个文字，称为1字节（byte），能够表示出$2^8=256$种状态。

12.3 编程

12.3.1 编程的概念

计算机通过运算与控制解决问题时，为下达这些操作命令所必须实施的步骤称为**程序**（program），而编写这一程序的工作称为**编程**（programming）。由于编程是对计算机下达运算步骤的指令，所以是非常重要的工作。

12.3.2 流程图

计算机的处理步骤，用图示化的表达方式比文字描述更加一目了然，并能进一步明确程序的内容，也能确认程序是否有错。

也就是说，表示程序处理步骤的图称为流程图或者程序框图（flowchart）。流程图中使用的特定符号（参照JIS X 0121:1986）如图12.8所示。

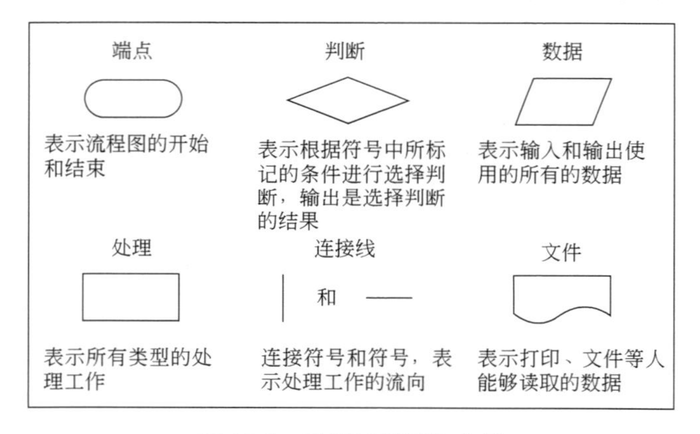

图12.8 流程图符号的实例

举个日常生活的事例，分析人们在过人行横道时的动作，绘制成流程图，如图12.9所示。在图中，以从左到右或从上到下作为各运动的行进方向，而表示向这以外的方向流动时要在连接线上标注箭头。另外，当开始看到的信号灯没有变绿的时候，就要再次观察信号灯，反复地进行相同的动作，这种情况下表示重复动作的处理称为循环（loop）。

12.3.3 编程的步骤

编写程序的步骤如下。

① 工作的确定　计算机能够处理的工作内容有多种类型，分析的方法因工作类型不同而不同。为此，首先需要明确要解决的问题内容。

② 问题的分析与整理　调查与分析要解决的问题的内容，收集必要的信息，明确使用计算机处理什么或者处理的效果如何，将要处理的工作系统化，确定数据的输入和输出的内容以及处理的步骤。在这里，**系统化**是指将工作整理成有规律秩序的状态。由于计算机本身就是具有代表性的有规律秩序的系统，所以它所处理的工作也就将系统状态作为必要条件。解决处理问题的一系列步骤称为**演算方法**（algorithm）。

③ 绘制流程图　绘制流程图使用的符号如图12.8所示。

④ 编码　按照流程图所示的处理顺序，用程序语言写出的语句称为编码（coding）。

⑤ 程序的存储　使用键盘（key board）将编码的程序语言输入计算机，记录在存储媒介上。这种工作称为**数据输入**（data entry）。

⑥ 程序的翻译　这是使用翻译用的程序，将程序变换为计算机能理解的机械语言。这种翻译程序因使用的程序语言的差异，分别称为**汇编程序**（assembler）或者**编译程序**（compiler），将程序转换为这种汇编语言的翻译编辑称为**编辑**或者**编译**。在进行编辑时，如果汇编语言有**语法上的错误**，则编辑程序会告知错误点，可及时修正编码并重新进行编辑。这项工作称为**调试**（debug），将调试这一工作称为**程序调试**（debuging）。

⑦ 程序的测试　使用测试数据，在计算机上实际运行程序，测试是否能得到正确的结果。这种操作称为**测试运行**（test run）。当结果没有得到期望的输出时，要查找原因，找出程序的错误所在，进行修正。由于这种原因是处理的顺序或者求解方法的错误等引起，所以修正这种错误的工作也称为调试。

编程的顺序如图12.10所示。

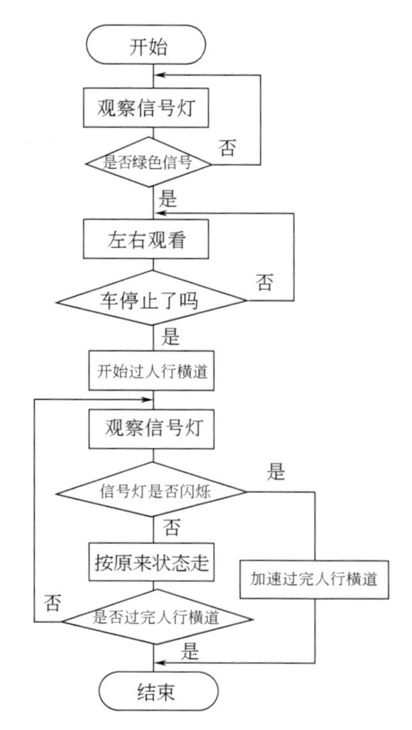

图12.9　行人过人行横道时的流程框图

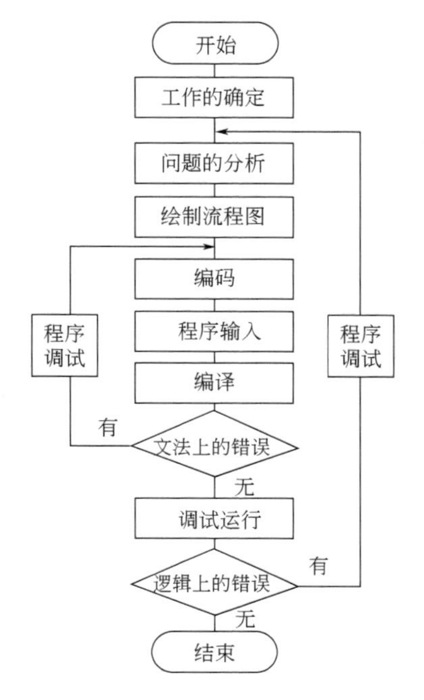

图12.10　编程的顺序

12.3.4 程序语言

计算机能够直接理解的程序语言是机器语言，机器语言对于人类来说既难于理解又难于书写，为了弥补这一缺点，除了机器语言之外，考虑给出人类容易理解的各种程序语言。

（1）机器语言（machine language）

机器语言是指计算机本身直接使用的语言，全部由0和1（二进制法）表示。人类容易理解的各种程序语言都由翻译程序转换为机器语言。机器语言的命令表示因计算机的机种不同有所差异。

（2）汇编语言（assembler language）

汇编语言是直接面向处理器的程序设计语言，是用首字母和符号等的记述来表示命令及指示。一般在节约存储器的时候使用。

（3）高级语言（high level language）

高级语言是指更接近人类语言的程序语言，高级语言可分为以下三种类型。

① **编译语言**（compiler language） 编译语言是用文章或者公式的形式表现的语言，计算机全部读取程序之后，统一翻译成机器语言，程序容易编写。有科学计算用的FORTRAN语言（Fortran）、面向事务处理计算的COBOL语言（Cobol）、科学与事务处理两用的PL/I语言（PL/I）以及多用途的C语言等。

② **解释语言**（interpretive language） 解释语言是一边逐句翻译成机器语言一边重复执行的对话型语言，其代表性的就是BASIC语言（Basic）。这种语言翻译用的程序称为**解释程序**。

③ **面向对象的编程语言** 面向对象的编程语言可使计算机的数据处理和操作更容易，其代表性的有Java语言、C++等。Java语言是要先将程序编译成字节码（中间代码语言），在Java VM（java virtual machine）上作为面向对象的编程语言执行。

12.4 计算机的应用

12.4.1 处理方式的类型

计算机存储大量的数据并能够快速处理这些数据，因此，计算机的应用范围越来越广泛。如果以企业为例，计算机在设计、生产、销售、人事以及财务等领域中的预测、计划、管理、运算等方面发挥作用。

从数据处理方式的角度对计算机应用方法进行分类，则可分为成批处理和实时处理两种。

（1）成批处理（batch processing）

成批处理是将计算机应该处理的数据，按固定期间存储在存储装置或者记录媒介中，集结成一定数量再进行处理的方式。有处理1日量的日终批处理、处理1个月量的月终批处理等。使用数据通信进行处理的情况称为**远程批处理**（remote batch processing）。

（2）实时处理（real time processing）

实时处理意味着即刻进行处理，当数据从终端装置输入时，根据处理要求立即进行计算处理并输出。在这种情况下，远距离通过数据通信进行的即刻处理方式称为**在线实时处理**（on-line real time processing），能够实现这样处理方式的系统称为**在线实时系统**（on-line real time system）。另外，**分时操作系统**（time sharing system，TSS）属于实时处理方式，这是在具有高能力的大型计算机上连接多个**终端设备**，多个使用者共同应用这一大型计算机的系统。

这里的**终端设备**是指放置在远离计算机本体位置的输入或输出设备，通过数据通信与主机进行通信、信息的传递以及处理。在生产管理中，终端可以放置在工厂的各现场，用于指令的传达及数据的收集。

12.4.2 操作系统

操作系统（operating system，OS）是为高效管理计算机硬件与软件资源而设计的计算机程序，如UNIX、Windows、OS/2、macOS等。

12.4.3 应用程序

应用程序（application program）是指计算机使用者为了完成某项特定任务而开发的计算机程序，有以下两种类型。

（1）用户程序（user program）

用户程序是指计算机的使用者为了完成自己的工作而自行开发的程序，也有外购的。但这种程序的开发需要有专业技术和大量时间及费用。

（2）程序包（package program）

程序包是指用来完成特定任务的成组销售的程序，也就是说这是现成的程序，一般分为**应用程序包**（application package）、**软件包**（package software）等。由于工作时只需要输入数据，就能得到所需要的结果，所以使用便利。这种软件的类型丰富，以文本制作的文字处理软件为代表，除了一般会计、工资计算以及数据管理、图表绘制等的统计分析之外，还有CAD、数据库[1]、进度管理、成本管理、库存分析（如库存管理、零件数量）、通信软件等的程序。

---

[1] 数据库（data base）是将有关联的多个数据进行结构化集合，存储在辅助存储装置中，以便能在各项业务中共同使用。因此，能够有效地利用计算机进行信息的整理、检索、更新等的操作。

12.4.4 网络

（1）计算机网络

计算机网络（computer network）是指通过通信线路连接多台计算机，形成通信网（network）进行信息传递。这种网络的使用，有以下作用。

① 因为能够实现硬件、软件以及数据库等的计算机资源的共享，所以避免了重复投资，提高了经济性。

② 当一台计算机的负担较大时，可将其承担的任务分散给其他计算机，通过分担任务的平均化，防止设备的巨大化，提高了处理的效果。

③ 即使一台计算机出现故障，也能切换到其他计算机进行处理，因此，提高了整个系统的可靠性。

（2）LAN

LAN是**局域网**（local area network），是指机构内的信息通信网络或者企业内部的信息通信网络。这种网络是计算机以及输入输出设备等在同一个企业或者部门内，其相互之间连接所组成的私密网络，能够进行企业内部的信息传递，同时也能与外部的通信网络进行连接。

局域网是在计算中心的**主计算机**（host computer）上安装办公用计算机、个人用计算机、传真机、图像终端、声音终端、多用途终端等终端机器设备，分别通过通信线路连接，进行信息的输入和输出。连接这些设备的通信线缆除了LAN电缆外，还有光纤电缆（更适合高带宽信号传输）。

（3）因特网（internet）

连接分散在世界各地的网络会形成网络的集合体，这是由网络运营商或者企业、大学、政府机关等的小型网络连接而形成的。在这里，**网络运营商**（provider）是指为将个人用的计算机连接到因特网进行服务的公司。

因为利用了**因特网**，所以人们能获取全世界的信息，以及能够与远方的人们进行电子信件（**电子邮件**，electronic mail）交流。

12.5 计算机辅助生产

12.5.1 工厂自动化（FA）的构成要素

工厂自动化FA（factory automation）的构成要素如下。

（1）**CAD**（computer aided design）

CAD是指计算机辅助设计。将设计的图形信息输入计算机，在显示器中显示图像，通过一边与计算机进行对话，一边进行输出图像的修正或变更，由自动绘图机完成图面的输出。另外，还可将图像数字化，保存在数据库中，作为新规设计或者图面修改等的资料使用。

（2）**CAM**（computer aided manufacturing）

CAM是指计算机辅助制造。CAM接续CAD的工作，将生产技术管理的相关信息存储在数据库中，根据计算机的指令控制生产设备以及生产设备的作业。例如，将设计的产品形状及尺寸输入计算机辅助制造系统，就能完成机床的类型选择以及加工顺序的确定。

（3）**CAE**（computer aided engineering）

这是按照结构特性将机械或者结构分别输入计算机，建立整体的模型，一边求解结构在施加负载状态下的响应，一边将模型输出到显示器屏幕进行绘图的系统。这种方法由于能准确地预测位移、振动以及热流体流动等的特性，并能完成从基本设计到详细设计的一系列设计绘图。因此，能实现产品的最优设计，缩短设计开发的时间，有利于降低开发成本。

（4）**FMS**（flexible manufacturing system）

FMS是指柔性制造系统，系统设备由NC数控机床、MC、CNC、DNC等的自动生产设备，传送机构，无人搬运车[1]等自动搬运设备，工业机器人[2]，自动检测的CAT，以及立体自动仓库等组成，全部设备组成网络，由计算机进行总体生产控制，能够实现各种零件加工、装配、检查等工作。

（5）**CAT**（computer aided testing）

CAT是指计算机辅助测试，是利用计算机进行自动检查的系统。系统配备有各种传感器（感知器）或尺寸测试系统等，通过检测进行质量保障。这种系统组装到FMS生产线中，自动检测伴随加工进行，形成质量管理的信息，信息反馈给CAM，在设计与制造中起作用。

12.5.2 计算机集成制造（CIM）

为推进自动化的思路，将整合FMS和OA的系统称为CIM（计算机集成制造，computer integrated manufacturing）。这是灵活运用计算机技术，以顾客的要求为主，将产品的开发、设计、制造的计划与管理、工厂自动化以及销售与物流（包装、装卸、运输、配送等的活动）等所有信息都收集到数据库，通过网络相互合作，将设计、制造、管理等综合系统化。

---

[1] 无人搬运车（automated guided vehicle，AGV）是以蓄电池为动力源，根据地面设置的引导线进行货物搬运的搬运车。导引方式有电磁导引、磁带导引、光电导引以及光学导引等，导引线使用电线、具有磁性的涂料或胶带、金属带、彩色胶带等，能够自由设定搬运路径。最近，还出现了具有机器人结构并内装控制程序能自主行走式的无人搬运车。

[2] 工业机器人（industrial robot）由具有人手的运动功能而称为机械手（manipulator）的机构和具有位置、轮廓、速度、视觉、听觉等控制功能的机械装置所组成，能够代替人进行严酷环境、危险、简单重复等的作业，应用于焊接、冲压、模铸、锻造、组装等方面。

也就是说，CIM系统是基于制造部门与销售部门的密切联系，顺应市场的要求，根据“什么商品”“需要的量”“何时”等信息，立刻制订生产计划，能够进行多种类、少批量的快速生产。

CIM构成概要如图12.11所示，计算机收集、分析、处理、保存经营活动所需的信息，并按照需要立即提供给各部门。

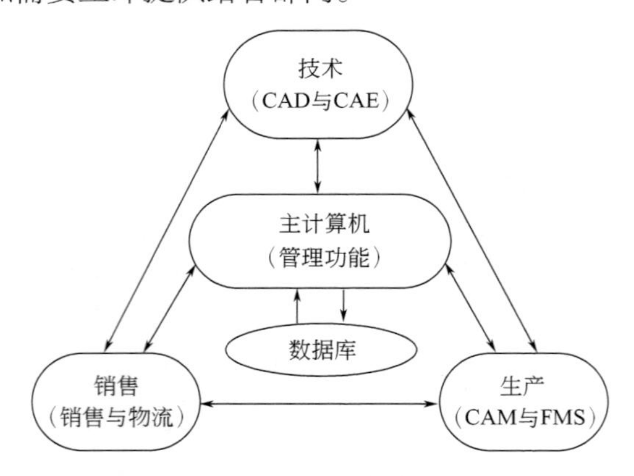

图12.11　CIM构成概要

第
13
章

管理体系

13.1 质量管理体系

13.1.1 ISO 的概念

ISO是国际标准化组织（International Organization for Standardization）的简称，成立于1947年。ISO的目的是在全世界范围内促进工业标准化的开展，以便于物资和服务的国际交换，并扩大在知识、科学、技术和经济方面的合作，促进世界范围的标准化协调工作，组织各成员国进行标准化信息交流。

截至2015年12月，加入ISO的成员国已达162个，日本于1952年成为ISO组织的成员国。

13.1.2 ISO 9000的概念

ISO 9000是由ISO制定的关于质量管理体系的国际标准。20世纪70年代欧洲统一制定的质量管理标准是ISO 9000系列标准的雏形，ISO在1987年制定了**ISO 9000系列**（第1版）标准。之后，经过数次修订，于2015年进行了重大改版。

关于质量管理的国际标准，可以说它拓展了日本的全面质量管理。

质量管理体系相关的国际标准有很多系列，下面列出了具有代表性的ISO标准及其相应的JIS标准号。

① ISO 9000：2015（JIS Q 9000：2015）《质量管理体系　基础和术语》

② ISO 9001：2015（JIS Q 9001：2015）《质量管理体系　要求》

③ ISO 9004：2009（JIS Q 9004：2010）《追求组织的持续成功　质量管理方法》

④ ISO 10001：2007（JIS Q 10001：2010）《质量管理　客户满意度　组织行为规范指南》

⑤ ISO 10002：2014（JIS Q 10002：2015）《质量管理　客户满意度　组织中投诉处理指南》

⑥ ISO 10003：2007（JIS Q 10003：2010）《质量管理　客户满意度　组织外部争议解决指南》

⑦ ISO 10006：2003（JIS Q 10006：2004）《质量管理体系　项目质量管理指南》

13.1.3 ISO标准的理念

信息技术的进步和普及令人瞩目，跨越国界的信息传递已经达到了随传随至的程度。另外，由于国际化的发展而使得市场全球化、顾客要求多样化、新科学技术不断出现、多样化与国际化的供应链日趋重要、环境问题严重化、有限资源与能源问题急需应对，从有效进行企业活动中的各种风险管理的必要性来说，系统地管理就变得越来越重要。

ISO 9001于2015年进行修订，其原因如下。

① 为了使ISO 9001能够适应世界的变化。

② 为了确保ISO 9001有效应对组织运作过程中越来越复杂的环境。

③ 为未来提供一系列稳定的核心国际标准。

④ 切实地反映出所有利益相关者的需求。

⑤ 为了与其他ISO管理体系标准整合，进行了结构统一化。

ISO管理体系标准共有10个条款，如图13.1所示。

图13.1 ISO标准共有10个条款

13.1.4 质量管理的原则

在ISO 9000：2015《质量管理体系 基础和术语》中，提出了下面7个质量管理原则，这7个原则也成为ISO其他管理体系的基本思想。

① 以顾客为关注焦点；

② 领导作用；

③ 全员积极参与；

④ 过程方法；

⑤ 改进；

⑥ 基于事实的决策（循证决策）；

⑦ 关系管理。

（1）以顾客为关注焦点

质量管理以**顾客为关注焦点**，不仅要满足顾客要求还要努力超越顾客期望。

组织只有赢得顾客和其他利益相关者的信任才能保持持续成功。在与顾客相互作用的每个方面，都提供为顾客创造更多价值的机会（服务机会）。理解顾客和其他利益相关者当前和未来的需求与期望，有助于组织的持续成功。

（2）领导作用

各级领导建立统一的宗旨和方向，创造并保持全体员工能够充分参与的环境，以实现质量目标。

统一的宗旨和方向以及全员参与，能够使组织通过战略、方针、过程和资源来实现其目标。

如果能发挥促进全员参与并保持目标一致的领导作用，就能够获得预期成果，进而实现组织目的。

（3）全员积极参与

组织内的所有人员具备胜任各自工作的能力，并被充分授权，且所有人员积极参与，是提高组织绩效和实现组织目标的必要条件。为了有效和高效地管理组织，尊重并使各级人员参与其中是极其重要的。表彰认可、授权和能力提升，会促进各级人员积极参与实现组织的质量目标。

组织需要明确其业务人员各自所需的胜任工作的能力，以便进行适当的教育和培训。

在ISO标准中，**能力**（competence）的定义是经证实的应用知识和技能以实现其预期结果的本领，它是ISO管理体系标准中的通用术语及核心定义之一。能力概念的内涵是承担任何工作的人员应该具备其履行职责所需的知识和技能。经证实的能力是指通过资格认定或考试合格，能力得到证实就可以说这是个胜任的人员。

（4）过程方法

任何工作活动都是过程，只有将相互关联和相互依存的各个过程的相互关系作为连贯的系统进行理解和管理时，才能更加有效和高效地得到可预知的结果。过程是将经营资源（人、机器设备、材料、能源、技术、信息、资金等）的输入转换为输出的活动，最终的输出是产品或服务。有时还存在某个过程的结果（输出）是其他过程的输入的关系。

对于管理过程需要确定权限、职责以及责任制（accountability）。

（5）改进

成功的组织总是致力于持续改进。改进对于组织保持当前的业绩水平，对其内外部条件的变化作出反应，并创造新的机会都是非常必要的。为此，想要促进组织内的所有层次建立改进目标，重要的是对各层次员工进行教育与培训，使其懂得基本的改进方法。改进不仅仅是一部分人的活动，而是全员参与的活动，重要的是认可改进、赞赏和表彰改进。

（6）基于事实的决策

基于数据、信息的客观分析和评价作出的决策，更有可能产生期望的结果。决策是一个复杂的过程，并且总是会包含一些不确定因素。因为数据的来源可能含有主观倾向或特例数据，所以重要的是理解因果关系和潜在的非预期后果。对客观事实和数据分析可提高决策的客观性，从而提升决策正确的信心。

（7）关系管理

为了持续成功，组织需要管理与供方及其合作伙伴等利益相关方的关系。组织的绩效很大程度上受到与密切利益相关方协调程度的影响。管理者要认识到供应链管理的重要性，要明白对供方及合作伙伴关系网的管理是非常重要的，通过理解利益相关方的目标和价值观，通过共享资源和能力，以及管理与质量有关的风险，来增加为利益相关方创造价值的能力。

与利益相关方的关系管理，必须权衡组织的短期收益与长期利益的关系，兼顾组织的目的，重要的是识别和明确组织的外部与内部因素。

13.1.5 质量管理的基本活动

ISO标准中管理的基本活动见图13.2。

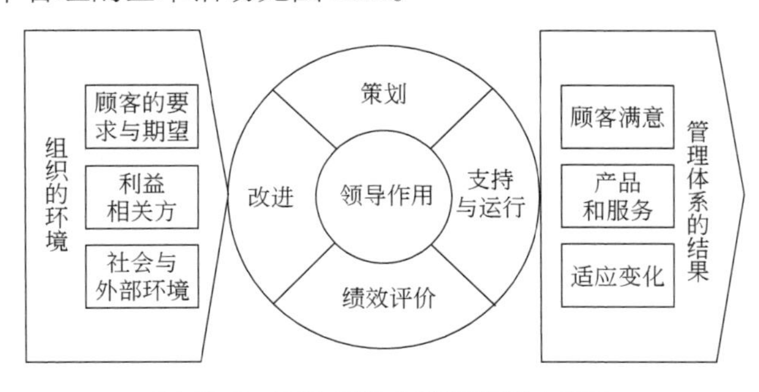

图13.2 ISO标准中管理的基本活动

（1）组织的环境

组织的环境是指，对组织从制定目标的活动开始，到为实现目标所进行的一系列活动。把握组织的环境，就必须理解并认识组织的任务。

组织的任务就是识别与确定**利益相关方**（interested party，**利害关系者**：stakeholder）。利益相关方有以下几种：①顾客；②组织的所有者；③组织内人员；④外部供方（外部供应商）；⑤银行；⑥监管机构；⑦社区团体；⑧合作伙伴（商务伙伴）；⑨社会。

在质量管理体系中，组织致力解决的课题大致有以下3个。

① 顾客的要求与期望　顾客是指接收组织所提供的产品服务的个人或组织，

或者具有这种可能性的个人或组织。要求（requirement）是指明示的或隐含的或必须履行的需求。产品或服务满足要求与期望则称为合格（conformity），未满足的则称为不合格（nonconformity）。而缺陷（defect）是指对产品或服务与规定用途不符合，有时具有法律上的意义。

合格和不合格这两个术语作为ISO 管理体系标准中的通用术语及核心定义被广泛使用。顾客满意（customer satisfaction）的定义是顾客对其期望已被满足程度的感受，可以说是顾客对其期望有多少程度被满足的回应和顾客的评价。也有当使用产品或服务之初可能不知道的顾客期望，甚至顾客本人也没有注意到的。像这样的，为了实现较高的顾客满意度，可能有必要满足那些顾客既没有明示也不是隐含或必须履行的期望。

② 从利益相关方视角考虑的任务　顾客以外的利益相关方，可分成组织外部人员和内部人员，并且可以再次分类。组织外的利益相关方包括企业或组织的所有者、出资者、材料或零件的供给商、外协加工的生产商、物流业务相关的物流业者、销售业务相关的小商贩或销售商、技术合作或业务合作的商务伙伴等直接与组织有关的人或组织。组织内的利益相关方包括组织雇佣的员工、小时工、临时工等正式雇佣者和非正式雇佣者。

营利企业活动的结果是要获得利润的。非营利企业则通过利用收集的资金来进行企业活动，再用活动结果与企业目的进行对照以便对企业进行评价。不管是哪种情况，作为组织都需要不断考虑组织活动的结果对其目的的满足程度。

与组织相关的供应商、物流业者、销售商、商业伙伴等外部人员，在组织日常的活动中，虽然和组织内部人员处于相互协助的关系，但也有很多利益冲突，因此任何时候都需要进行调整以提高各自活动的成果。

对于组织内的职工等，不仅是作为劳动力的提供者，更是作为组织活动的执行者而承担着重要作用，为此，组织必须要有计划地推进作为提高员工技能的教育和训练的各项工作，例如，要切实地进行职工的劳动安全卫生管理。

③ 从社会与外部环境视角考虑的任务　在组织的任务中，不仅仅涉及顾客和利益相关方，来自社会的广泛要求也包含在内，特别是需要关注两个课题：与环境相关的课题，即有限资源与能源问题、地球环境安全问题；与高度信息化社会相关的课题。

（2）领导作用

最高管理者（top management）是指在最高层次指挥和控制组织的一个人或一组人，最高管理者在组织内部有授予权限和提供资源的权力。由于企业等组织体系形成的层次构造，通常在最高管理层下，设置有多个部门来进行业务分担，各部门又有各自的管理者。最高管理者虽然具有所有管理权限，但直接指挥的还是直属的部门领导。此时，根据各部门的职能，最高管理者将其部门职责权限授权给各部门的管理者，各部门的管理者代行最高管理者的权限。但是，最高管理者的授权并不是将全部的职责分配出去，还要承担监督责任或结果责任。同样地，各部门的领导从上级管理者那里得到授权。各级领导对各自负责的核心活动的有效性具有**承担责任**（accountability）。管理者要在促进、指导和支持员工努力履行其相关职责方面发挥领导作用。

（3）策划

在策划质量管理体系时，组织应考虑组织及其环境与利益相关方的需求，进行以下内容的策划：

① 应对这些风险和机遇的措施；

② 质量目标及其实现的策划；

③ 变更的策划。

在策划过程中，需要识别和确定那些可以预计的风险和商业机遇。质量管理体系中策划的核心是设定质量目标。

（4）支援和运用

组织为了推进质量管理体系，计划并实施以及管理所需的业务活动过程，需要明确并准备所需资源。组织应确定并提供为建立、实施、保持和持续改进质量管理体系所需的资源：

① 过程运营和管理所需的人才；

② 建筑、相关设施、设备（硬件和软件）、运输资源、信息和通信技术等基础设施；

③ 过程运行环境；

④ 监视和测量资源；

⑤ 组织的知识。

特别地，组织需要重视成员的能力提高，通过适当的教育、培训或经验传授，来确保这些人员具备所需能力以承担责任。

（5）绩效评价

组织必须对质量管理体系的绩效和有效性进行评价。组织应保存适当的文件化信息以作为结果的证据。为此，需要确定以下事项：

① 明确需要监视和测量的对象；

② 确保有效结果所需的监视、测量、分析和评价方法；

③ 决定实施监视和测量的时机；

④ 分析和评价监视和测量结果的时机。

（6）改进

组织应确定改进的机会，选择改进的课题，推动必要的改进活动。改进活动包括：

① 改进产品和服务，以满足要求并关注未来的需求和期望；

② 有关纠正、预防或减少不利影响的改进；

③ 改进质量管理体系的绩效和有效性。

特别是，当产品或服务出现不合格时，组织必须进行以下活动：

① 对不合格做出应对，采取措施予以控制和纠正，处置产生的后果；

② 为了避免不合格再次发生或者在其他场合发生，要对不合格进行评审和分析，并确定不合格的原因；

③ 确定是否存在或可能发生类似的不合格；

④ 实施所需的措施；

⑤ 评审所采取的纠正措施的有效性；

⑥ 更新策划期间确定的风险和机遇；

⑦ 变更质量管理体系。

（7）管理体系的结果

根据上述质量管理体系的基本活动，稳定地提供满足顾客要求的高质量的产品或服务，其结果必然会增强顾客的满意度。进而，如果准确地执行各种活动，就能够应对环境或社会的变化，从而提升组织业绩。在ISO 9004:2009《追求组织的持续成功　质量管理方法》中明确了组织获得持续成功的关键是要具有以长远的、平衡的方式来满足顾客及其利益相关方的需求和期望的能力。持续成功的侧重点则在于具有识别组织环境的相关能力，具有新知识、技术和改进的学习能力，进而提高技术创新的能力。

13.2　环境管理体系

为满足当代需求而又不致损害满足下一代需求的能力，实现环境、社会、经济之间的平衡至关重要。甚至可以说，可持续发展的目标就是平衡可持续发展“三大支柱”。伴随着环境污染的增大、资源利用的低效、废弃物管理的不当，作为结果的气候变化、生态系统退化和生物多样性受损等问题的凸显，社会对于可持续发展的透明度和责任的期望进一步提高。

ISO 14000（JIS Q 14000）系列中的环境管理体系旨在为企业和组织提供一个基本框架，用来保护环境和应对变化的环境状态，以实现与社会、经济需求间的平衡。环境管理的系统方法可为最高管理者提供以下取得成功的信息和方法。

① 通过预防或减轻不利的环境影响来保护环境。

② 减轻环境现状对组织潜在的不利影响。

③ 帮助组织履行合规性义务。

④ 提高环境绩效。

⑤ 通过影响产品和服务的设计、生产、分销、消费、废弃的生命周期的方法，来防止环境影响非预期的转移。

⑥ 提高市场中企业或组织的评价，实现财务和运营的效益。

⑦ 向相关方提供企业或组织具有的环境信息。

13.2.1 成功要素

环境管理体系运行有赖于最高管理者领导下的组织各职能的共同作用。在经营战略和经营方针的制订过程中，将业务的重要事项和环境管理相整合，将环境管理融入企业整体的管理体系中，使他们能够有机会来降低或避免风险。

但是，由于企业或组织所处的环境背景、环境管理的适用范围、合规性义务的内容、企业或组织的活动范围、产品和服务的性质等存在差异，即使是相同类型的组织，其环境结果也不相同。这就是环境问题的复杂性。

13.2.2 PDCA循环

PDCA循环包含以下内容。

计划（plan）：建立所需的环境目标，明确达成这个目标的过程，以实现与组织的环境方针相符合的结果。

实施（do）：按照环境策划，对过程予以实施。

检查（check）：依据环境方针、环境目标、运行准则对过程的状况进行监视，并测定其结果。

处置（act）：采取必要措施，推动持续的环境改进。

13.2.3 环境管理的相关概念

企业或组织必须理解环境的相关基本概念。

ISO标准中表示的**环境**（environment）定义为组织运行活动的外部存在，包括大气、水、土地、自然资源、植物、动物、人及其之间的相互关系。环境因素（environmental aspect）是指组织的活动、产品和服务中能够与环境发生相互作用的要素。企业必须要确定来自于企业业务活动中的要素或产品、服务具有的环境要素。环境影响（environmental impact）是指全部或者部分地由组织的环境因素给环境造成的不利或有利的变化，即企业或组织进行活动时，环境因素是造成环境变化的原因，而环境影响是环境变化的结果。在企业活动中，为了降低不利的环境影响，就必须注意污染的预防。

为了判断组织环境问题的解决结果是否实现了环境目标的问题，可以进行环境绩效的评价。环境绩效（environmental performance）的定义是：与环境因素的管理相关的，控制其环境因素所取得的可测量的环境管理的结果。如同企业经济活动的结果可用各种经济指标表示一样，对于完成环境目标的符合程度可用环境绩效指标（environmental performance indicator，EPI）来测量。

代表性的环境绩效指标有：

① 原材料或能源使用量；
② 二氧化碳（CO_2）等的排放量；
③ 每件完成品产生的废弃物；
④ 原材料以及能源的使用效率；
⑤ 环境事故（计划外污染物质的排出等）的件数；
⑥ 废弃物的再利用率；
⑦ 包装材料的循环利用率；
⑧ 服务运输距离的每单位产品量；
⑨ 特定污染物质的排除量；
⑩ 对环境保护的投资；
⑪ 为了野生生物栖息地保留的土地面积；
⑫ 接受特定环境因素教育训练的人数；
⑬ 用于减排技术的支出预算的比例。

环境管理体系（environmental management system，EMS）是组织管理体系的一部分，致力于制定和实施环境方针，管理环境因素。这里的环境方针（environmental policy）是指由最高管理者就组织的环境绩效正式表述的总体意图和方向。

这样的环境管理本身和前面所述的ISO标准中的质量管理相同，是组织活动中极其重要的管理活动，其活动需要与质量管理活动相结合。

13.2.4 环境管理相关的职能和主要责任人

企业或组织应该明确的与环境相关的职能及其责任人如表13.1所示。

表13.1 环境管理中的职能和责任人

在环境管理体系中的职能	责任人
确定整体方向性	最高经营责任人（CEO）、公司领导班子
制定环境方针	最高经营责任人（CEO）
制定环境目标和过程	负责管理者
考虑设计过程中的环境因素	产品与服务设计者、建筑师、技术者
监视整体EMS绩效	环境管理者
监督遵守义务执行状况	所有管理者
促进持续改善	所有管理者

续表

在环境管理体系中的职能	责任人
设定顾客期望	销售负责人、市场负责人
设定对供货商的要求和采购标准	采购负责人、购买负责人
制定会计过程并维持	财务管理者、会计管理者
要符合EMS要求事项	在管理下工作的所有人
评价EMS的运用	高管理层

如表13.1所示，产品或服务的设计人员，在设计活动中要考虑环境因素的责任。ISO 14006:2011(JIS Q 14006:2012) 指出了引进环境管理系统生态设计的方针。

生态设计（ ecodesign ）是指在产品或服务设计、开发活动中引入环境因素，以降低产品整体生命周期中的不利环境影响，又称为环境而设计、环境协调性设计、绿色设计、循环回收的可再循环设计。产品或服务的生命周期包括原材料的获取阶段、生产阶段、运输阶段、使用阶段、寿命结束后处理阶段以及最终处置阶段。生态设计侧重于产品或服务的生命周期各阶段中的输入，即材料、能源、水、其他各种资源消费方面的环境因素的研究。在产品或服务最终处置阶段则侧重于作为输出的废弃物、排出物方面的环境因素的研究，从而实现生态设计。

根据ISO 9001的质量管理体系的要求，环境管理体系中对设计、开发过程有以下要求。

① 关于产品或服务功能的要求。

② 关于产品或服务符合法律法规的要求。

③ 关于产品或服务与之前设计类似时的要求。

④ 关于在产品或服务的设计、开发中由产品或服务的性质所决定的其他要求。

应对设计和开发不断审查，要满足要求，要满足设计和开发的目的，同时应解决相互冲突的设计和开发。

通过在生态设计中引入生命周期的方法，可以得到以下效果。

① 从全局的角度，可以将产品或服务具有的不利环境影响最小化。

② 能够定性和定量地评价特定的主要环境要素。

③ 综合地研讨产品或服务所具有的各种环境因素的控制、生命周期各阶段的控制。

13.3　信息安全管理体系

在现代信息化的社会，利用计算机网络执行各种业务的信息系统的构建和应用已成为企业活动中不可缺少的组成部分。组织的计算机网络是利用客户端的服务器与其他客户端或服务器系统的连接得以实现的。服务器是指进行特定服务的计算机，如为邮件收发而设置的邮件服务器，公开web内容的web服务器，收纳数据等信息的数据服务器等。在全球范围内被个人或组织广泛使用的可省略为Web或WWW的World Wide Wed就是用于网络的文件信息标准公开与阅览系统。因为网络的普及，人们短时间内就可以向外发布大量信息，同时世界范围的信息收集也变得越来越容易。与此相伴的，恶意网络的危险性也在增加，信息安全方面的风险成为了组织需要解决的一个课题。

ISO 27000:2014（JIS Q 27000:2014）提供了信息安全管理系统标准中所涉及的通用术语和基本原则。现将这个国际标准中所涉及的与信息安全相关的主要术语介绍如下。

个人或组织应用的信息必须满足信息机密性、信息完整性、信息可用性这三个性质。

在ISO标准中**信息机密性**（confidentiality）的定义是：网络信息不被泄露给非授权的个人、实体或过程，或供其利用的特性。这里，实体是指实物或者主体，使用信息的人或组织，使用信息的设备，对软件或物理媒体等信息进行访问或阅览、操作的行为。实体基本上是指人所进行的，也包含对于即使无人操作也能通过自行运作的软件或机器实现的对信息的访问。所以，保护信息机密性就是信息只向授权个人或实体公开并允许其使用，防止信息泄漏给非授权个人或实体使用信息。**信息完整性**（integrity）是指保证信息使用和处理方法的正确性和完整性。**信息可用性**（availability）确保已被授权的用户对信息、资源访问和使用时不会被不正当地拒绝。

在ISO标准中，**信息安全**（information security）是指信息机密性、**信息完整性**以及可用性的保持。**信息安全事件**（information security event）是指系统、服务或网络的一种可识别的状态的发生，它可能是对信息安全策略的违反或防护措施的失效，或是和安全关联的一个未知的状态，需要发现这些状态并采取对策。特别是，不期望发生的单个的或一系列信息安全的现象，这些单个的或一系列的有害或意外信息安全事件组合在一起，就具有损害业务运作和威胁信息安全的极大可能性，称为**信息安全事故**（information security incident）。**信息安全事故管理**（information security incident management）就是对信息安全事故进行检验、报告、评价、应对、处理，进一步从中学习的过程，对新发生的威胁必须有应对措施。

在企业或组织的活动中，面对来自于社会或外部环境的各种风险的应对措施，包括信息安全在内的**风险管理**的课题已成为组织需要重视的一个重要的课题。对此，ISO管理体系的方法可以说是极其有效的。

习题解答

第4章　工序管理

习题4.1

1个月的预定生产量=500÷（1−0.05）=527个

1个月的负荷工时=2×527=1054h

每台设备每月的能力工时=8×25×（1−0.1）=180h

必要的设备台数= $\frac{1054}{180}\approx 6$ 台（小数点之后四舍五入）

习题4.2

A、B、C、E

习题4.3

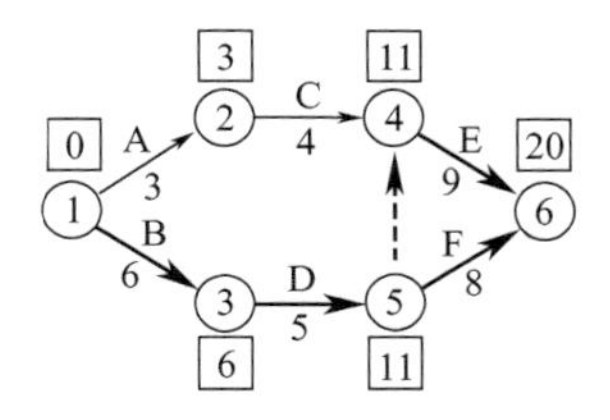

第5章　作业分析

习题5.1

有效作业时间=2.687× $\frac{95}{100}$ =2.55

标准时间=2.55×（1+0.20）=3.06min

习题5.2

$$n=\frac{4\times 0.1\times(1-0.1)}{0.02^2}=900\text{次}$$

第6章　物资与供应链管理

习题6.1

安全库存量=1.65×25× $\sqrt{7}\approx 110$ 个

订货点=（250×7）+110=1860个

习题6.2

① 最佳订货量= $\sqrt{\frac{2\times 20000\times 6000}{400\times 0.25}}\approx 1550$ 个

② 平均库存量= $\frac{1550}{2}$ +600=1375个

③ 订货次数$=\frac{20000}{1550}=12.9\approx 13$次

习题6.3

订货量=（2+1）×500−50+100−650=900个

第8章　质量管理

习题8.1　绘制的成排列图

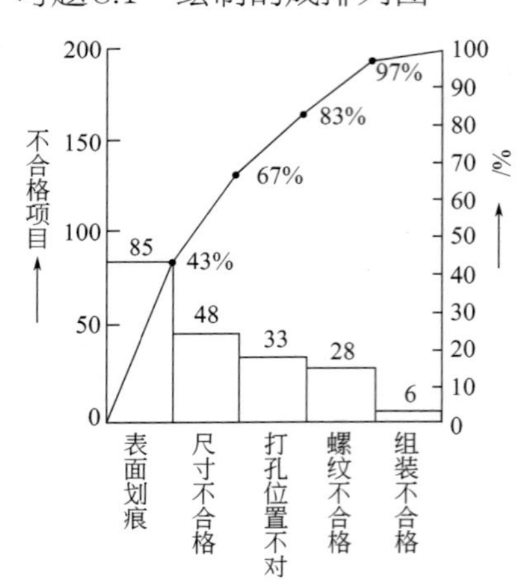

习题8.2

$$\overline{x}=\frac{32.4+33.5+35.2+32.7+34.8}{5}=33.72$$

$\tilde{x}=33.5\longrightarrow 35.2，34.8，33.5，32.7，32.4$

$R=35.2-32.4=2.8$

$S=(35.2-33.72)^2+(34.8-33.72)^2+(33.5-33.72)^2+(32.7-33.72)^2+(32.4-33.72)^2=6.188$

$$V=\frac{6.188}{5-1}=1.547$$

$s=\sqrt{1.547}=1.244$

习题8.3

$\overline{x}=\frac{237.82}{20}=11.891$，$\overline{R}=\frac{3.54}{20}=0.177$

x控制图　UCL的值$=\overline{x}+A_2\overline{R}=11.891+0.577\times 0.177=11.993$

LCL的值$=\overline{x}-A_2\overline{R}=11.891-0.577\times 0.177=11.789$

R控制图　UCL的值$=D_4\overline{R}=2.114\times 0.177=0.374$

第11章　工厂会计

习题11.1

年度	定额法			定率法		
	折旧额	累计折旧额	账本净值	折旧额	累计折旧额	账本净值
1	180	180	1820	2000　×0.206=412	412	1588
2	180	360	1640	2000×（1−0.206）×0.206=327	739	1261
3	180	540	1460	$2000\times(1-0.206)^{2}\times0.206=260$	999	1001
4	180	720	1280	$2000\times(1-0.206)^{3}\times0.206=206$	1205	795
5	180	900	1100	$2000\times(1-0.206)^{4}\times0.206=164$	1369	631
6	180	1080	920	$2000\times(1-0.206)^{5}\times0.206=130$	1499	501
7	180	1260	740	$2000\times(1-0.206)^{6}\times0.206=103$	1602	398
8	180	1440	560	$2000\times(1-0.206)^{7}\times0.206=82$	1684	316
9	180	1620	380	$2000\times(1-0.206)^{8}\times0.206=65$	1749	251
10	180	1800	200	$2000\times(1-0.206)^{9}\times0.206=51$	1800	200

参 考 文 献

[第1版~第3版] 参考文献

[1] L. ナシェルスキー (浦・北川訳):電子計算機の基礎 (Digital Computer Theory) (培風館)
[2] 甲斐章人·森部陽一郎:現代の品質管理 (泉文堂)
[3] 工場管理用語辞典編集委員会 (編):工場管理用語辞典 (理工学社)
[4] 坂本碩也:品質管理テキスト (理工学社)
[5] 生産管理便覧編集委員会 (編):生産管理便覧 (丸善)
[6] 千住鎮雄ほか:作業研究 (日本規格協会)
[7] 高原知義·向井邦彦:経営工学概論 (共立出版)
[8] 都崎雅之助:経営工学概論 (森北出版)
[9] 並木高矣:生産管理の技法 (日刊工業新聞)
[10] 日本機械学会 (編):機械工学便覧 (日本機械学会)
[11] 日本規格協会 (編):JISハンドブック (58) マネジメントシステム (日本規格協会)
[12] 日本経営工学会 (編):経営工学便覧 (丸善)
[13] 日本経済新聞社 (編):複合先端産業 (日本経済新聞社)
[14] 原輝彦:ISO 14001が見えてくる (日刊工業新聞社)
[15] 平野裕之:図解5S・JIS基本用語555 (日刊工業新聞社)
[16] 村松林太郎:生産管理の基礎 (国元書房)
[17] 坂本碩也:コンピュータ技術入門—機械工学入門シリーズ (理工学社)

参考文献

[1] 日本経営工学会編:生産管理用語辞典, 日本規格協会, 2012
[2] 中央職業能力開発協会編:ビジネス·キャリア検定試験標準テキスト 生産管理BASIC級, 社会保険研究所, 2016
[3] 中央職業能力開発協会編:ビジネス·キャリア検定試験標準テキスト【共通知識】生産管理3級, 社会保険研究所, 2015
[4] 中央職業能力開発協会編:ビジネス·キャリア検定試験標準テキスト【専門知識】生産管理プランニング3級, 社会保険研究所, 2015
[5] 中央職業能力開発協会編:ビジネス·キャリア検定試験標準テキスト【専門知識】生産管理オペレーション3級, 社会保険研究所, 2015
[6] 中央職業能力開発協会編:ビジネス·キャリア検定試験標準テキスト【共通知識】生産管理2級, 社会保険研究所, 2015
[7] 中央職業能力開発協会編:ビジネス·キャリア検定試験標準テキスト【専門知識】生産管理プランニング2級 (生産システム·生産計画), 社会保険研究所, 2015
[8] 中央職業能力開発協会編:ビジネス·キャリア検定試験標準テキスト【専門知識】生産管理オペレーション2級 (作業·工程·設備管理), 社会保険研究所, 2015
[9] 日本規格協会編:JISハンドブック品質管理, 日本規格協会, 2015
[10] 日本規格協会編:JISハンドブック環境マネジメント, 日本規格協会, 2015
[11] 日本規格協会編:JISハンドブック情報セキュリティ·LAN·バーコード·RFID, 日本規格協会, 2016
[12] 吉澤正編:クオリティマネジメント用語辞典, 日本規格協会, 2004
[13] 稲本稔·細野泰彦:わかりやすい品質管理 (第4版), オーム社, 2016
[14] 圓川隆夫·黒田充·福田好朗編:生産管理の事典, 朝倉書店, 1999
[15] 吉田祐夫:生産システム設計法原論, 三恵社, 2003